caffee capucino latte espresso

caffe latte espresso

milk frappe macchiato mocha mel...

ocolate caffee espresso

o cappuccino latte ristretto c...

mocha melya cappuccino milk frappe ma cchiato

caffee capuccino caffe espresso

caffe espresso melya cappuccino latte

latte ristretto chocolate

caffee capuccino espresso latte frappe mocha

caffe espresso cappuccino latte espresso caffe cappuccino latte espresso

milk frappe macchiato mocha me
ocolate caffee espresso
caffe espresso milk frappe macc
caffe espresso cappuccino latte frattari chocolate caffe espresso cappuccino latte mocha
caffee capuccino espresso latte frappe mocha

VOCES DEL CAFÉ

María Farazdel

(Palitachi)

Compiladora

VOCES DEL CAFÉ

ANTOLOGÍA

Nueva York Poetry Press®

Nueva York Poetry Press LLC
128 Madison Avenue, Oficina 2RS
New York, NY 10016, USA
Teléfono: +1(929)354-7778
nuevayork.poetrypress@gmail.com
www.nuevayorkpoetrypress.com

VOCES DEL CAFÉ

© 2018 María Farazdel (Palitachi)
Palitachi@gmail.com

Segunda edición: julio, 2018

ISBN-13: 978-1-7320736-4-7
ISBN-10: 1-7320736-4-3

© Concepto de Colección:
Proyecto Palitachi

© Editora:
Marisa Russo

© Traductora oficial de Voces:
Ana L. Martínez

© Diseño de portada:
Charbyl Martínez
calleviejagraphicdesign@gmail.com

© Diseño de contraportada:
William Velásquez Vásquez
williamvelasquezv@gmail.com

Una buena taza de su negro licor,
bien preparado, contiene tantos problemas
y tantos poemas como una botella de tinta.

Rubén Darío

Del café a la palabra

El viaje poético de la fragancia de un café transita por un espacio literal para rozar los labios y las letras en puño. Una taza de café con un verso es la historia y tradición de los poetas en medio de la noche o el amanecer. Ella dialoga desde la esencia del grano hasta los tambores y cultivos de los cafetales.

Su significado se presenta como la voz turca Kawah que alude al vuelo del pensamiento. Se dice que esta palabra está relacionada al lugar de procedencia de las primeras semillas silvestre y se discute que su génesis tiene lugar en lo que se conoce como la cuna del cafeto -la antigua Etiopía- de donde pasó a Arabia y a la India. En lo referente a su consumo, se cuenta que antes de ir a pelear, los guerreros lo ingerían en forma de pasta para estimularse. El consumo del café se disparó de tal manera, que las autoridades religiosas de La Meca y de El Cairo prohibieron la exportación del café arábico. Esto solo hizo que el grano se hiciera más popular hasta llegar a la India, donde se multiplicó la cosecha de semillas. Los holandeses fueron grandes cultivadores del mismo en sus colonias de Ceilán e Indonesia.

El café llegó a América cuando el té generaba protestas. En el Sur del Nuevo Mundo, llegó a Brasil y después a Colombia en los años 1780s, posteriormente viajó a Costa Rica, para llegar a México casi en la misma época. Estos son los países donde por su altitud geográfica, se cultiva el mejor grano de café en América. En cuanto al proceso del grano tenemos: la recolección y el raspado de las bayas maduras. La primera se logra manualmente para conseguir una calidad superior. La técnica del raspado consiste en eso mismo, en raspar sus ramas para provocar que caigan las bayas.

El proceso de madurez del café -como el de un verso de altura- consiste en madurar su fruto por medio de sorbos y de los granos recolectados. Al igual que el poema, cuando el café se seca se van las impurezas atadas a su deshecho, luego se seleccionan los granos que hayan sobrevivido a la caída de la última partícula de despojo, para ser almacenados en sacos de yute, mientras el poema sobrevive a la muerte de quien lo hilvana y depura. Acerca de la rueda de sabores de café, al igual que ocurre con los versos, los hay ácidos, finos, fuertes, amargos y de extensa variedad y mezclas. Los granos de café, deben de ser tostados para mantener su color y características, así como también el poeta preserva la esencia de su obra dejando el poema madurar.

Los granos de café asumen una característica según su lugar de procedencia, en esto también se parece al poema, ya que cada verso posee rasgos distintivos.

A veces un poema gotea fácil como los granos molidos que se destilan por un colador o una cafetera eléctrica. En ocasiones un verso toma su tiempo para incendiar la leña del cerebro.

Notamos cómo desde un ventanal que abarca la brisa del cafetal se acerca un vapor, y no es de locomotora ni de una ducha, es una silueta que baila y se pierde, dejando sus huellas para ser rescatadas por el aroma de ciento once poetas procedentes de treinta y tres países, cumpliendo esta una pentalogía con más de cuatrocientos poetas.

En las páginas de *Voces del Café* encontramos poemas que llevan la esencia del amor aromático y achocolatado, hacia muchas vidas. De un barista nace una taza de café con la tinta y el papel que la trasporta como el aroma que se abraza hasta donde no llegan los labios. El café y el poema poseen una intimidad que se ha convertido en cultura; donde ambos se validan entre sí por el concierto de un nuevo despertar. Encontramos una estrecha relación entre esta exótica bebida y los seres humanos. Una leyenda conocida tanto por musulmanes como por cristianos nos relata la historia de un profeta enfermo, al que el Arcángel Gabriel, le devolvió la vitalidad con un elixir tan oscuro como la "Piedra Negra de la Meca".

El café no solo se bebe para despertar y relajarse, también se absorbe con la excusa de socializarse.

Crecemos con su olor impregnado en la memoria del ADN. Un aroma inigualable es el que apartan las papilas gustativas hasta la conciencia de un grano de café. Su sabor se asoma a la memoria colectiva cada mañana. Su puntillismo nos hace bendecir al recolector de café que madruga para que nuestro café llegué a cualquier esquina del mundo.

Los caficultores nos validan el pasaporte del día. Suave y aterciopelado su aroma, cuerpo y sabor como los diferentes géneros poéticos que aquí resaltan en proporción y frescura.

Gracias al cafetal de poetas baristas por confiar y formar parte de este quintal. También le doy las gracias a la poeta y traductora Ana Martínez, al publicista Rafael Panamá, a la editorial Nueva York Poetry Press y Macondo Coffee Roasters de Miami por la labor en sinergia en esta iniciativa del Proyecto Palitachi.

Ahora los invito a la degustación salpicada de versos exquisitos. (con o sin licor, leche y melao). Sírvanse al gusto.

María Farazdel (Palitachi)
mayo de 2018
New York

A

MOHAMED AL-ASHRY

Sueños de café cósmico

Duermo solo
Nadie me abraza
Ningún sueño me lleva al verdor de su tierra
Solo el olor del café golpea fuerte mi cabeza
Entonces me despierto sonriente
Feliz, respira su café de la mañana
El día se tiñe con los colores del arco iris
Activa mis sentidos
Ingiero... Escucho... Inhalo... Hurgo... Acaricio café en todos los
momentos
Me deslice por el horizonte buscándola
La encontré situada en el café
Y antes de que terminase el último sorbo
Me senté a su lado rápidamente
Bebí de su café
Bebí de sus labios
Ausente estaba en el mundo de la imaginación alada

Sin ella solo estoy
Desierto sin su bebida suculenta

Espíritus extraviados me transportan a su paraíso lejano
en los Siete Cielos de Dios
Trepo al octavo paraíso
Donde Dios descansa, regula el universo
Y el café es entregado a sus piadosas criaturas...

Duermo solo
Ninguna estrella en el cielo atestigua mi presencia
No hay luces de luna en mi camino
Solo la fragancia del café se filtra por los abismos del ensueño
Se aferra a mí
Me refleja en el espejo de su tierra cálida

Me convierto en un árbol gigante de café
Cuelgan los nabos del brebaje de mis dedos
Buscando su esencia
Órbita mi sangre alrededor del universo
La encuentro frente a mí
Bebe de mis labios
Me retiene como estrella brillante

Somos los únicos
Nada en nuestras memorias
Nada en nuestros plexos

Solo café, amor y ensueños.

Mohamed Al-Ashry. Egipto. Novelista, columnista de periódicos y revistas, poeta y experto en Petrofísica. Ha publicado cinco novelas y ganado varios premios por sus obras literarias. Su obra ha sido traducida al francés, español e inglés. Ha participado en publicaciones periódicas y en antologías a nivel internaciol. Entre sus obras literarias encontramos las novelas *Ghada and the Dreamy Legends* (1999, 2007), *Gold Mine* (2001), *Apple of Desert* (2001) y 2007, *The Aura of Light* (2002), *Hot Imagination* (2008) y el libro de cuentos infantiles *Flying Shoes* (2013). Premios: foro de cuentos para novela en 1999; premio de La Organización General de Palacios Culturales en la categoría de novela en 2000-2001; el Ihsan Abdelqodous a la novela en 2008 y de la Agencia Sphinx en literatura de amor en 2009.

LAUREANO ALBÁN

Una tacita loca de café

El café no es un pecado,
pero huele a pecado.
Guna Primor

Sobre este café cayeron
todas las estrellas
curiosas del volcán,
y todos los rocíos de la noche
que nunca saben hacia donde van,
y el sol que aquí es vertical
como los montes que lo alzan
para que baile más...

Y todo está ahora adentro
de esta tacita loca de café...

Tómate un sorbo y deja
una gota brillando
entre tus labios
para que tiemblen más...

Porque esta gotita enardecida
toda de café indefenso,
donadora de aromas infinitos,
caerá sobre tus pechos
acariciándolos...

¡Bañándolos de estrellas...!

Deja que esta gotita ahita de café
descienda girando por tu cuerpo,
sedienta como ninguna humedad

humana podría hacerlo jamás.

Es la humedad
empapada de asombros
de los montes del trópico
en sus noches abiertas
al placer de la sed...

Sí, déjala que baje
girando, más y más...
y más...

¿Quieres otra tacita,
de café?

[De *Poemas definitivos, desde la cintura del mundo*, inédito]

Laureano Albán. Turrialba, Costa Rica. Estudió Filología y Lingüística en la Universidad de Costa Rica y se doctoró en Nueva York. Ha obtenido diversos premios internacionalmente: Premio Adonáis de Poesía (Madrid, 1979), Primer Premio de Cultura Hispánica (Madrid, 1981), Premio Hispanoamericano de Literatura (Huelva, 1982), Premio Único de la VII Bienal de Poesía (León, 1983), el Premio Internacional de Poesía Religiosa (Burgos, 1983), Premio Mundial de Poesía Mística Fernando Rielo (Madrid, 1989), Premio Columbia University Translation Center (Nueva York, 1983) y Premio Centroamericano de Poesía Walt Whitman (1986). En Costa Rica ha obtenido el Premio Nacional de Poesía Aquileo J. Echeverría dos veces (1980 y 1993) y en el año 2006 se le otorgó el Premio Magón, máximo galardón de la cultura costarricense. Algunos de sus libros más importantes son: *Herencia del otoño* (1980), *Geografía invisible de América* (1982), *Aunque es de noche* (1983), *Autorretato y transfiguraciones* (1983), *El viaje interminable* (1983), *Biografías del terror* (1984), *Todas las piedras del muro* (1987) y la *Enciclopedia de maravillas* (1995, 2010), la cual se compone de cinco tomos con más de mil poemas que describen el mundo desde el punto de vista de la poesía. Co-fundador del Círculo de Poetas de Turrialba. Fundador del Círculo de Poetas Costarricenses. Ha desempeñado cargos diplomáticos en España, Estados Unidos, Israel y Francia. Su poemario *Poemas definitivos, desde la cintura del mundo*, será publicado este año.

A. ADRIANA T. ACOSTA PINILLA

El disfrute de amanecer

Mientras surge la cosecha
Encendiendo los pailones
Se oye canto en la molienda
Con melodías de mujer.

Inicia Alegre el día
Llena su olor los sentidos
Levanta el corazón a latidos
enseña a valorar la niñez.

Inevitable y armónico aroma,
que despierta y acaricia
En el campo cada amanecer.

En su elixir que es oscuro
Tinto declara la vida
En esta tierra de encanto
Donde la olla en decanto
Con calor en humo retoza
Para terminar en la taza
Con un maravilloso café.

Ahikza Adriana Teresa Acosta Pinilla. Colombia. Escritora y poeta, participante y recopiladora de varias antologías a nivel mundial. Pertenece a redes de poesía a nivel virtual como autora y editora de varios video poemas, poemarios y cuentos: *Hermosa inspiración* y *Una Gotita de Invierno*.

JULIO CÉSAR AGUILAR

Nostálgica noche

El olor del café
bajo la soledad
de la casa tan sola,
el café y su sabor,
su sabor y su olor
acompañan tu insomnio,
y el minuto más largo
de la noche nostálgica
es, en tu propia noche,
un vacío que espera
con vida ser llenado.

Instantáneas de sobremesa

I

Reminiscencias de su aroma en cada gota de lluvia: sedienta
también la tierra. Un café, por favor, para el que aquí su futuro
recuerda.

II

Y entretanto el café helado era alado insecto o fugaz mariposa
sobre la mesa.

III

No importa que los grillos canten qué canción monótona. Goza
la música del café.

Julio César Aguilar. México. Poeta, ensayista, traductor de inglés. Cursó la
carrera de Medicina en la Universidad de Guadalajara; posteriormente realizó
una maestría en Artes en Español en la Universidad de Texas en San Antonio y
un doctorado en Estudios Hispánicos en la Universidad de Texas A&M, de la
cual obtuvo una beca postdoctoral. Actualmente es profesor en
Baylor University. Ha publicado: *Rescoldos* (1995), *Brevesencias* (1996), *El desierto
del mundo* (1998), *Orilla de la madrugada* (1999), *La consigna y el milagro* (2003),
Barcelona y otros lamentos (2008), *Alucinacimiento* (2009), *Aleteo entre los trinos* (2014)
y *Perfil de niebla* (2016).

PEDRO SALVADOR ALE

Tres momentos para el café

Al norte o sur en la historia del corazón la brújula
del instinto me conduce a un café,
en naufragios sentimentales o navegaciones
de asombros
                hay una isla esperándome.

No puedo eludir ese viaje por mapas, entre lecturas,
espacios con su aroma,
        frágil y permanente como la mujer que amo.

Imposible andar calles del mundo sin besos en sorbos
        oscuros,
con su manada de recuerdos: el pensar sobre una mesa
como un puerto de ausencias,
            entre azares, abrazos y desencuentros.

A su amparo de cielos lluviosos y coincidencias, van
            tardes quejumbrosas entre los dedos
            con un silencio reunido en la escritura.

II

Café amargo si me dejas sin alma.
Soñador si tienes paciencia.
Abismo de maravillas si coincide
con tus ojos.
A veces el café tiene miedo de ser,
es el primero en despedirse
en los desencuentros del silencio.

III

El café es un espejo donde uno de pregunta
sobre el derecho y el revés del corazón,
indaga sobre las arrugas,
el desamor ante el tiempo,
esa llave abre la puerta y escapa la muerte
con su bolsa de mariposas
hecha de palabras, adioses y besos:
ausencias
tan turbias como una taza de café, el río y
tus ojos que no esperan ni vuelven,
siguen amando los talones de la lluvia
un poema en el humo de un cigarro,
eterno como la fugacidad de tu cuerpo
al pasar sin mañanas y sin olvidos.

Pedro Salvador Ale. Córdoba, Argentina. Autor de más de treinta libros de poesía, de los cuales mencionamos algunos títulos: *De Biografías; monstruos y pájaros migratorios* (1987); *El Alucinante viaje del afilador de cuchillos* (1986); *Navegaciones* (1991); *Los reinos del relámpago* (1973-2003); *Puentes* (2006). *Volar de ver de volar* (2010). *Nada que perder* (2014). *Libertad Condicional* (1975-1985) en 2015. Obtuvo entre otros: el Premio Nacional de Poesía Joven de México "Elías Nandino, Estado de Jalisco, México. El Premio Nacional de Poesía "Clemente López Trujillo", Estado de Yucatán, México. El Premio Iberoamericano de Poesía Carlos Pellicer; Tabasco, México.

ALI AL–HAZIMI

Tocando tu alma, resplandece con luz

En tu camino al café, sabes bastante bien,
Que un poco de placer está esperando.
Como si apresuraras a encontrarte con tu amado,
Vas antes del encuentro,
Y eliges una esquina remotamente plácida.

En las mañanas confusas,
Cuando eres acusado sentimentalmente,
como un arpa de anhelo,
Nada arruina tu gracia,
Tomas un sorbo de café;
Cierra los ojos, y sonríe.
Una vez más, contemplas la inmensidad frente a ti;
Se llenan tus ojos de demasiadas palabras incontables
que puedan leer fácilmente todas las personas en tu entorno.

No estás solo, sabes,
Cuando estás con tu taza de café;
Una interminable horda de recuerdos es convocada.

En un silencio sombrío,
Escuchas las cascadas inundadas
De caras y recuerdos;
Envuelto estás, entonces, con el aroma
Que te regresa a los fragantes huertos de la infancia.

Tu taza de café es una ventana
Por la que pasan por alto tus sueños olvidados.
Es una palmada que acaricia suavemente los hombros de tu día;

Tocando la oscuridad de tu alma;
Incitándote a abrir tus pulmones
Para que se abracen a la dureza de este mundo.

El café negro que bebes,
Brillará con luz.
Algún día.

Ali Al–Hazimi. Damad-Arabia Saudita. Obtuvo un título en Lengua y Literatura Árabe de la Universidad Umm Al-Qura en 1992. Sus poemas aparecen en revistas y periódicos locales e internacionales. Ha participado en numerosos recitales internacionales de poesía. Ganador del Premio mundial de poesía de La Academia Internacional de Oriente-Occidente, Rumania (2017), Medalla de honor al mérito poético y literario en el XIV Encuentro Internacional de Poetas y Narradores de las Dos Orillas y en el 4to Congreso de Literatura, Punta del Este Uruguay (2015). Publicaciones: *Gate of the Body* (1993), *Losing* (2000), *The gazelle drinks his image,* (2004), *Reassuring on the Edge* (2009). Sus libros han sido traducidos a diferentes idiomas.

GLADYS ALMONTE

Humeante café

Ahí
con el humo
vuelas en el aroma
sube el pensamiento
abordas los sueños
las ilusiones
se tornan palpables
así como un niño
fruto del amor.
Se vuelven acciones
quizás algún texto
mundo anhelado
un paseo en yola
un viaje a la luna
un canto
una flor.
un café caliente
es siempre tu cómplice
te enjuga la vida
y oye el corazón.

Gladys Almonte. República Dominicana. Narradora, poeta y gestora cultura. Miembro fundador del grupo literario Mujeres de Roca y Tinta, y miembro del Taller Literario Narradores de Santo Domingo. Su obra consta de los siguientes títulos: *Antología para promover la lectura y fomentar el placer de leer* (2006), *Miradas* (2011), *Cáncamos para mi voz* (2018). Sus cuentos han sido publicados en varias antologías.

MAUREEN H. ALTMAN

Expreso

Por las esquinas del café,
te paseo en las curvas
de mi mente
a temperatura de ascenso,
desde el sorbo
etiquetado de azúcar,
y el rústico sabor
en la tarde
de mis preguntas.

Así,
apareces disperso
en las rutas
que dejan tus humos
en el horizonte,
y te conviertes en pergamino
por el que filtras el crudo
de mi existencia.
Te acerco luego
a la mitad de mi calle,
por una ventana
entre mis pasillos,
adornada de espera.
Y justo entonces,
advierto que somos
tú y yo
sobre el mantelito blanco
casi nada,
aún cuando soy yo
en tu negro puro,

un eructo de posibilidad.
Antes de seguir,
soy en gran parte
tus residuos,
y también soy
tu desliz en mi todo.
Y tú,
eres el errante de mis vértices,
cuyos circuitos y avenidas
degustaste,
desde los amargos
que se desprendieron
de lo dulce
en el fondo de mí.

Maureen H. Altman. EE.UU./Perú. Artista plástica, poeta y educadora. Estudió en la Escuela Nacional de Bellas Artes del Perú, obtuvo una licenciatura Artes Visuales en Pratt Institute de Nueva York y una maestría en Ciencias de la Educación y Educación Especial en Touro College. Ha participado en antologías, ferias del libro y festivales de poesía en Estados Unidos y América Latina. En Nueva York publicó *Encuentro, amor, vida, tiempo* (2014) y *Matices* (2017).

JAVIER ALVARADO

Café retornable

De mi abuela Lucila, vino el café de El Líbano,
"Cajue" era el llamado de su etnia, aunque ya nadie recuerde
La marmita y el camello.

Macaria se iba en los trechos del sol
Después de beber su vida en la totuma.
Abuelo Tino le batía un huevo elemental para sus planes de
                                                    cultivo.
Reyes se apresuraba
A llegar al fogón y a retirar del humo la filosofía de las borrascas.

Mi padre saloma antes y después de prepararlo,
Mi madre arroja trozos de queso blanco y prolonga
La degustación lactosa de la tierra.

Yo los observo con mi taza, meditando, el vínculo mañanero
De bebernos nuestra cotidianidad y nuestros rastros
De filosofía humana, esa capitanía y esta constelación de
                                                    desnudarnos tarde.

Los cuatro abuelos y mis padres se quedan solos, con sus
                                                    endechas,
A punto de ser una cadena en el camino, cuando osamos hablar
O tragarnos las palabras abandonando nuestras casas, nuestras
manos que amasan el lodo o acarician el manto de ultramar.
Es el café
Nuestra única medida con el canto.

Yo sigo sorbiendo el café que ellos se bebieron
Y esta nostalgia es la nueva cafeína que me aguarda.

Javier Alvarado. Panamá. Cuenta con más de 17 libros publicados; Premio Nacional de poesía joven de Panamá, Premio Pablo Neruda, Premio Nicolás Guillén, Mención Casa de las Américas de Cuba, Premio Rubén Darío de Nicaragua y el Premio Medardo Ángel Silva. Ha realizado lectura de sus poemas en varios países, en tres continentes: América, Europa y África. Recientemente se lanzó en Chile una antología de su trabajo poético. En el año 2015, obtuvo el máximo galardón de las letras panameñas Ricardo Miró en poesía con su libro *Cartas Arrojadas al Neva*.

INDRAN AMIRTHANAYAGAM

En el grano

Cuando tengas la historia en tus entrañas
es sólo una cuestión de tiempo
antes de que salga a la luz,

pero un café fuerte y unos panes calientes
y un sol brillante esta mañana de primavera
no son meros actores de reparto en la producción
matutina al despertar;

son esenciales como el autor o la vida
o la invitación a reflexionar
sobre el café en medio de la nada.
Te la agradezco
bebido a sorbos con unos granos no cualesquiera
pero aquellos que inspiran este poema.

Indran Amirthanayagam. Colombo, Ceilan, Sri Lanka. Es autor de 13 poemarios, entre ellos *Ventana Azul* (2016), *Il n'est de solitude que l'île lointaine* (2017) y *Uncivil War* (2013). http://indranamirthanayagam.blogspot.com

MINOR ARIAS UVA

Eres el café que me estoy tomando

Mi memoria vuela sin ataduras
por las laderas pobladas de verde.

Acá está la taza amarilla con el café tibio,
fuerte como los sueños desenterrados.

Cuando mis ojos se encuentran con horizontes tupidos de
                                                    cafetales,
soy un halcón respirando las montañas.

Cada sorbo me lleva por casitas de madera y guitarras
en los corredores,
por jardines de hortensias, geranios y calas,
por canciones y leyendas,
árboles de jocote y de mango,
por naranjos y porós.

Mientras mamá y papá recogen café para comer, para vivir,
yo invento juegos y busco duendes en las cercanías del amor.

Siento el aroma dulce de los cafetales floridos,
de los granos rojos que se desprenden hacia los canastos,
como aguaceros de semilla fértil.
Y los "recibidores de café": estructuras de madera donde se
                                            vacían los carros
y se llenan los camiones.
En los "beneficios": el café se procesa, se machuca, se tuesta,
                                            se muele, se empaca.

Cada trago de café me lleva por el fuego, por la lluvia,
por las abruptas geografías de mi infancia.

Más tarde, vino el amor
y el café compartido,
la taza con la medida exacta,
con el amargor preciso.
Y nos humectamos los labios
con café potente.
Y se enredaron nuestras coordenadas
y nos fuimos llamando
como un vapor infinito.
Y nos compramos estas tazas amarillas
para seguirnos besando.
El café ampara mis recuerdos.
Los cafetales también ortigan los anhelos de la gente.

Minor Arias Uva. Pérez Zeledón, Costa Rica. Doctor en Educación. Premio Nacional Carmen Lyra de la Editorial Costa Rica. Libros: *Canción de lunas para un ermitaño*, *Canción de lunas para un duende*, *Mi abuelo volaba sobre robles amarillos*, *Algunas ranas de salto quíntuple*, *Versos para untar la nostalgia de un emigrante*, *Setenta y siete veces el mar*, *De la didáctica a la fantasía*, *Cuántos cuentos cuentas tú*, *Viaje al Planeta Rojo*, *Iluminación de ausencia*, entre otros.

NORA ATALLA

Para qué

escucha
la vida pasa en un café
en una mesa solitaria
noche de ceniza

escucha
nuestros deseos nocturnos son revelados
dos sorbos amargos
entre mareas

adulamos las olas
mientras que la arcilla nos absorbe

a pesar de todo
nuestras raíces se aferran
con recipientes en movimiento

para qué
hace mucho tiempo
este café se ha enfriado
nunca lo tomaremos
escucha
nuestra violencia arranca los techos

Nora Atalla. El Cairo, Egipto. Obra: *Les ouragans intérieurs* (Los huracanes interiores, 2014), *Hommes de sable* (2013) y *La gestation de la peur* (La gestación del miedo, 2012), publicada en Les Écrits des Forges editores. Finalista en el premio de poesía Alain-Grandbois 2014 para *Hommes de sable* (Hombres de arena), el Gran Premio Internacional de Rumanía y el Premios Literarios de Radio-Canada.

DENNIS ÁVILA

El bici-barista

Mariano —en otra vida— fue cartero.
En esta, un lector empedernido
que combina su tiempo
con la venta de café.

Por la mañana, usa una bici roja
con un cajón al frente;
en ella esquiva la frialdad, el humo
y otros vehículos pesados
hasta ofrendar en las cafeterías
el aroma del campo.

Al atardecer, estaciona su trabajo
y pide una cerveza
en la barra de nuestro café literario;
saca un libro parecido a una Rayuela
y se estremece, horas,
en la Ciudad Cortázar.

Es hermoso verlo leer de esta forma,
sin dejarse vencer
(por la resonancia de platos y voces)
como una bicicleta estacionada
bajo la lluvia.

Mariano —en otra vida—
entregó las cartas de amor
que esperaron nuestros abuelos,
ahora, en un mundo paralelo,
hace lo mismo por nosotros
cuando abre su caja de café.

Dennis Ávila. Honduras/Costa Rica. Ha publicado los libros de poesía *Algunos conceptos para entender la ternura, Quizás de los jamases, Geometría elemental, La infancia es una película de culto* y *Ropa Americana*. Obtuvo el Premio Único en el Certamen de Cuento de la Universidad Pedagógica Nacional Francisco Morazán y la Mención Honorífica en el Premio de Narrativa Hibueras. Ha participado en eventos literarios en Centroamérica, Puerto Rico, Cuba, Bolivia, México, Estados Unidos y España. Su poesía se encuentra seleccionada en diversas antologías y ha sido traducida al portugués, inglés, rumano, árabe e italiano.

HUMBERTO AVILÉS BERMÚDEZ

Café de mediodía

Al desayuno me piden
poetizar el café…
como si fuese posible
antologizar su aroma.

Con Querétaro como paisaje
lo intento, camino de Zacatecas.
La tez de María, su color,
evoca Maragogipe, que, con Arábiga
sale Caturra…
Mientras otras variedades
del áureo grano
cosechado en mi tierra,
juegan al escondite
con mi memoria.

Huele a poema
como café amanecido
al mediodía de México.
Sol que cae cenital
en su pardo corazón frutal.

Su aroma de antología sea.

Humberto Avilés Bermúdez. Granada de Nicaragua. Licenciado en Derecho. Doctorado en la especialidad de Derecho Constitucional, Universidad Complutense de Madrid, España. Primer premio en el Octavo Concurso de Poesía *Universidad de Navarra,* España, 1979, con el poemario *Hipótesis del amor.* Miembro de la Junta Directiva del Festival Internacional de Poesía de Granada, Nicaragua. Obras: *Perfil del olvido, Estigmas de silencio, Poética de la simpleza, Escritos de la sirena* y un sin número de antologías. Premio Andrés Bello y Dámaso Alonso (2018).

BASILIO BELLIARD

Poética del café

Mido el tiempo
entre sorbo y sorbo de café.

Su negrura aroma mi corazón.

En su hora
marca el latir del bosque.

Agua negra
que mancha olorosa
-amarga o dulce-.

De los labios a la sangre
despierto o desvelado
el café inventó el sueño
y mató a Balzac.

Basilio Belliard. República Dominicana. Poeta, ensayista y crítico literario. Poemarios: *Diario del antófago, Balada del ermitaño y otros poemas, Los pliegues del bosque, Piel del aire y Prácticas de sueños*; libros de ensayos: *Soberanía de la pasión* y *El Imperio de la intuición*. *Escrito en el aire* (aforismos y máximas). *Oficio de arena* (microrrelatos). En 2015 fue profesor invitado por la Universidad de Orleans, Francia, quien le editó la antología poética bilingüe *Revés insulaires*. En 2002, obtuvo en su país el Premio Nacional de Poesía Salomé Ureña, con su poemario *Sueño escrito*. Es profesor de la Universidad Autónoma de Santo Domingo. Tiene un máster en filosofía por la Universidad del País Vasco. Fue director del Libro y la Lectura, de Gestión Literaria y director-fundador de la revista *País Cultural*, en el Ministerio de Cultura. Poemas suyos han sido traducidos al italiano, francés y portugués.

ANA CECILIA BLUM

La carta

El café está listo
humeante,
otro día
zozobra de pies sobre el mármol frío.

Uno se niega a los afanes de incendiario,
decide mojar los cerillos,
vender a descuento la bencina,
abrir la ventana
y dejar que la mañana cure
los malos pensamientos.

Los esfuerzos son vanos
para qué engañarse,
pronto se devuelve a uno mismo
-el ser de siempre-
el que termina buscando el fuego
con la pluma en la mano
escribiéndole esa carta a Ella
invitándola a vacacionar en los pantanos.

El café humea,
se sostiene la taza
como la última esperanza,
pero una taza de café en la mañana es otro día,
otro año que resbala en occidente,
la insistencia en las rutas del retorno,
el terror a la reiteración de los espejos,
este cansancio hacia la vida.

Francamente
todo habla en la taza de café por la mañana,
se empuña el esfero con la sangre,
se rinde al acoso de los dioses,
se decide finalmente
poner firma poner sello
y enviar esa carta.

Ana Cecilia Blum. Ecuador. Poeta y ensayista. Estudió Letras Hispánicas en Estados Unidos y Ciencias Políticas en Ecuador. Autora de los poemarios: *Descanso sobre mi sombra* (1995), *Donde duerme el sueño* (2005), *La que se fue* (2008), *La voz habitada* (Coautora, 2008), *Libre de espanto* (2012), *Todos los éxodos* (2012), *Áncoras* (2015). Actualmente ejerce la enseñanza del español como lengua extranjera; dirige la gaceta literaria *Metaforología*; realiza investigación literaria en el campo de la poesía ecuatoriana y colabora con varias revistas culturales.

MARTÍN ENRIQUE BRAVO TENORIO

El Cosmos del Café

En una taza de café se bifurcan
los retratos de dos constelaciones
sobre la superficie negra abandonada
por el humo.

Un universo anclado al as paredes
de porcelana, agitado por la cucharilla
de azúcar, que lo expande y contrae con
cada sorbo que arranca un trozo
de su alma en el desayuno.

Nieve láctea que cambia el color
al besar la negra frente del plano espacial
que observa al ente dormido
en el lecho del rio estelar.

Granos histéricos al ser triturados
en la boca del molinillo,
mesclados con agua para diluir
la sangre que dará esencia a la
infusión de Abisinia.

Un cafetal en octubre, es un recuerdo moribundo.

El engullimiento después de la destrucción
el apocalipsis de una creación
analogada en la vasija que contiene
el vertimiento de cascadas negras sobre la boca
de unos.

Martín Enrique Bravo Tenorio. Managua, Nicaragua. Poeta y abogado. Posee libros inéditos de poesía y ha participado en el Festival Internacional De Poesía de Granada, Nicaragua.

MARVIN SALVADOR CALERO MOLINA

Filosofía del café

Acurrucado en el vientre de una taza
con más historias que contar
que abuelo de otro siglo.
humeante volcán de cafeína,
escondes secretos recónditos.
Sueles ser experto en: política,
 negocios, arte, ciencia, religión.
Toda la sabiduría se guarda en tu tacto.
Conoces de conspiración y de planes secretos.
Te muestras influyente,
le regalas al hombre el don de la reflexión
en las extensas reuniones
donde se aborda la paz
ahora que todo es guerra,
expresándote anímico y silencioso
en la oquedad del tiempo y pensamiento
con tanto que decir, prefieres guardar silencio.

Marvin Salvador Calero Molina. Juigalpa, Chontales, Nicaragua. Poeta y escritor. Presidente de la Academia norteamericana de Literatura moderna capítulo Nicaragua. Miembro del: Clan Intelectual de Chontales, grupo Nueva Generación Literaria, Clan JTA, Asociación Nicaragüense de Jóvenes escritores. Forma parte de uno del 'Colectivo turrialbeños por adopción' de Turrialba Literaria (Costa Rica). Ha publicado los libros: *Yo no conozco tu historia, Elegía a Rubén Darío y Canto a la muerte y Cuentos de Minería.*

PATRICIA CAMACHO QUINTOS

Café Decó

19S caen los edificios que levantó la corrupción
                                        Tiembla
20S penden dos letreros a las afueras del Café Decó:
Centro de acopio
                Este es un comedor solidario con los rescatistas...

Emparedados a ocho manos por cientos
Comida caliente
Bebidas energizantes
Entre un *express* cortado y un *latte* largo
se cocina la solidaridad
Decó es un hogar alterno
                            Para los asiduos, siempre
                            Para los sin techo, ahora
Los baristas que no llegan a los treinta años
por la noche bajan la cortina
montan bicis y motocicletas
Son caricia en una esquina donde hay edificios derribados
proveedores de calor y de ternura
a cierta hora
                        También
se suman a la fila de los brazos
que desplazan cubos con piedras y cascajo
ven salir a un perro vivo entre los escombros
y de tanto insistir, de tanto acarrear
                                el llanto en rezos
el muchacho que se mantenía con un hilito de oxígeno
descansa en el aplomo de la muerte
sale inerte entre la desazón de los rescatistas.

En Café Decó se cuentan y se viven historias
de toda índole…
Una noche, espontáneamente,
le dije a su propietaria
Fuerza, México
y ella mostró

                              con orgullo

su puño en alto.

Mímesis

Quisiera ser brazos de hogar tibio
serenidad
puerto seguro.

Soy tapanco revuelto
lleno de cenizas y de polvo
trago amargo
placer.

Uno se mimetiza…
Soy mi sempiterno
sorbo de café.

Patricia Camacho Quintos. Cd. de México. Doctora en Creación Literaria por Casa Lamm. Ensayista, poeta y narradora. Investigadora de danza. *AMORtajada de MUERTE y otros poemas*, *Cantos a Julio Amor* y *Beshabar*. Coordinadora de *Ellas le cantan a la danza*, una antología de poesía escrita por mujeres en lengua castellana en México.

TANYA COSÍO

Sangre y café

Moreno cómo el café
Morenos rostros incendiados por el pan
morenas manos alcanzan una tortilla
morenas manos que siembran frijol
morenas manos recolectan maíz y café
morenas manos llenas de sangre
y del café.
De revolución.

[De *Ronda de muertos*]

Tanya Cosío. Guadalajara, México. Escritora y actriz. Estudió en la Escuela Rusa de Actuación en México y en la SOGEM. Ha publicado los siguientes libros de poesía: *Jocabed y la ranura abierta, Pequeño panfleto en gran formato y otras cuartillas, De lo roto, Indagación de lo correcto, Ronda de muertos, A ba ni cos, Mi locura es una cuerda rota, Canto de cerdos, Poemas para poetas, De raíz y tierra, Coatlicue* y la Antología *Pasajera abisal*. Publicó la obra de teatro: *A salto de frontera (Bululú de la inmigrante)*. Algunos de sus poemas han sido antologados en Perú, Estados Unidos, España, Portugal y México. Coordina el ciclo "Poéticas de diversas latitudes" de la Feria Internacional del Libro del Palacio de Minería.

HOMERO CARVALHO OLIVA

El café y los ausentes

*Para Gigia Talarico, Martha Peñaranda, María
Esther Antelo e Isabel Velasco, que conocen el ritual
de las palabras.*

Alrededor de una taza de café
humeante y fraterno como las antiguas fogatas
discurre la tarde
      la tarde que se repite eterna
mientras apalabramos los caminos
y sentimos que amistad es una palabra compartida.

Las multitudinarias palabras
van y vienen, asombran y aclaran,
y bautizados con ellas se siente
      la presencia de los ausentes,
los que se fueron participan del diálogo
acudiendo solícitos a nuestra memoria
trayéndonos las imágenes olvidadas.

Alguien llega a la mesa
      y pide otro café negro
sin saber que junto con él
vienen sus muertos queridos
y aporta con las palabras que faltaban
      para hacer de la reunión
un acontecimiento que, un día después,
olvidaremos para empezar de nuevo
el antiguo ritual del fuego
      y las palabras alumbradas.

[De *Diario de los caminos*]

Homero Carvalho Oliva. Bolivia. Escritor y poeta, ha obtenido varios premios de cuento a nivel nacional e internacional como el Premio latinoamericano de cuento en México, 1981 y el Latin American Writer's de New York, 1998; dos veces el Premio Nacional de Novela con *Memoria de los espejos (1995)* y *La maquinaria de los secretos (2008)*. Su obra literaria ha sido publicada en otros países, traducida a otros idiomas y figura en más de treinta antologías nacionales e internacionales como *Antología del cuento boliviano contemporáneo* e internacionales como *El nuevo cuento latinoamericano,* de Julio Ortega, México; *Profundidad de la memoria* de Monte Ávila, Venezuela; *Antología del microrrelato,* España y *Se habla español,* México. En poesía está incluido en *Nueva Poesía Hispanoamericana,* España; *Memoria del XX Festival Internacional de Poesía de Medellín* y *Festival de Poesía de Lima.* Entre sus poemarios se destacan *Los Reinos Dorados, El cazador de sueños* y *Quipus.* En el año 2012 obtuvo el Premio Nacional de Poesía con *Inventario Nocturno* y es autor de la *Antología de poesía del siglo XX en Bolivia,* publicada por la prestigiosa editorial Visor de España. Premio Feria Internacional del Libro 2016 de Santa Cruz, Bolivia. En el 2017, Editorial El ángel, de Ecuador, publicó su poemario *¿De qué día es esta noche?* En el año 2016 recibió el "Premio Joven de Literatura", otorgado por el Comité Pro Santa Cruz y diversas instituciones del Departamento de Santa Cruz de la Sierra, Bolivia. Ha publicado poemas de su autoría en diferentes revistas literarias y medios escritos de su país y el extranjero.

TOMÁS CASTRO BURDIEZ

Anónima bajo el cafetal

Bajo el cafetal junto al río
mi cuerpo buscó el centro
                    de tu cuerpo
justo supimos el uno en el otro
pececitos y picaflores
                    -testigos
                    de entonces-
crecieron para morir
                    de arpón y de bala

nuestro amor de qué murió
de olvido
            lejos
                    muy lejos del cafetal.

Tomás Castro Burdiez. Santo Domingo, República Dominicana. Poeta, ensayista y cuentista. Autor de más de veinte libros de poesía y narrativa. Ha ganado varios premios nacionales de poesía y de literatura infantil.

EDGAR CENTENO MONCADA

Tu aroma

S   La primera fue para ignorarte
e   la segunda para recordarte
g   la tercera para inspirarme
o   y la cuarta para joderme.
v

i   Mejor tomaré un café
a   para respirar
s   tu aroma.

Edgar Centeno Moncada. Las Segovias, Nicaragua. Reside en Costa Rica desde el 1997 donde estudió Flexografía. Tiene dos libros de poesía escritos: *El jaguar que me habita* y *Pretérito imperfecto*; forma parte de los poetas y escritores de Estelí y de la fundación Poetas en órbita. Sus poemas han sido publicados en antologías y revistas literarias en España, Colombia, Costa Rica, El Salvador, Estados Unidos y Nicaragua.

YARISA COLÓN TORRES

Oro en los filtros

Dedicado a la bella gente boricua

que las penas se trasmuten en oro
y que ese oro realmente valga lo que brilla
para que nos alumbren las estrellas valientes
esas que levantan verdades,
mientras le van echando café puya al mayor de los cadáveres
para que nadie aquí se hunda sin recibir su bienvenida al más allá,
o sea, al comienzo solar
exacto, al acto que bien protege a los besos,
sí, a los besos que se enfrentan el terror que da la vida
sin voz
sin agua
sin techo
sin comida

Yarisa Colón Torres. Puerto Rico. Poeta y creadora de libros hechos a mano. Obtuvo una maestría en literatura puertorriqueña en el Centro de Estudios Avanzados de Puerto Rico y el Caribe. Publicaciones: *Desvestida* (2001), *Pipas/Bellies* (2002). Entre sus publicaciones se encuentran: *Caja de voces*, junto a Waleska Rivera (2007); *¿Entrelínea o secuestro?* (2007); *Enredadera y colmillo* (2010) y *Sin cabeza* (2010). En 2009, obtuvo la residencia para escritores otorgada por la Fundación Cropper en Trinidad y Tobago. En 2012, participó en la Cumbre Internacional de Voces Globales Online, celebrada en Kenia. Recibió la beca BRIO/Crafts (2014) otorgada por el Bronx Council for the Arts. Su trabajo ha sido presentado en espacios culturales en Puerto Rico, Francia y Estados Unidos.

MARIVELL CONTRERAS

A Rafael Perelló

Café para dos o tres

Es el periódico del día con sus malas noticias sobre el peor
mundo posible, haciendo imposible nuestro sueño de ayer.

Te has levantado como cada día, más temprano de lo que puedo
soportar.

Arrebatas mi cuerpo de las sábanas al llamado imperioso, pero
tierno:

Nena, el café, Nena, estoy tarde, Nena levántate.

Como siempre, en nuestra mesa, flores, pan caliente, queso y
como manda el manual,
café Santo Domingo para dos.

Me tomo a sorbos el mío, disfrutando la profundidad de los
sabores oscuros
El estallido de misterios que provoca en mi lengua

Te miro leer el periódico y tomar el café
tu mano toma la taza con descuido,
algunas veces te quemas
Y maldices
otras se te derrama y te mueves bruscamente, para no ensuciarte.

¿Es lo que lees o lo que traes en la cabeza lo que te jode?, me
pregunto.

Mirándote de soslayo cuando tu no me miras, ni me comentas las noticias

Ni tus planes de hoy ni lo que te preocupa o me ocupa.
Saco mentalmente una cámara y tomo
una foto matinal
Que nos revelaría la pareja ideal.
Pero, la imagen se deshace cuando te marchas,
Siempre hay una mancha marrón en el periódico,
Una mancha que borra algunas palabras. Una mancha donde
busco,
como en un juego de los 7 errores, el sin sentido de estas
hermosas tazas ya vacías,
de esas manchas que me alejan de ti y que se atragantan en mi
garganta.

Café Nostalgia

Envuelta en tu universo
De ajo, cebolla
Jabón, miel
Orégano, té
Cortado de leche.
Atada a tu mandil
Estampado
Con bolitas de aceite
Humo y manchas de
Dedos color verduras.
Prendida a tu sudor
Con olor a viernes de misa
Y sabor a cuento campesino
Me tomo el café
En la cocina
Donde nos llenaste de vida
Deshaciendo
La tuya.

[De *Hija de la Tormenta* (2006)]

Marivell Contreras. Monte Plata, Provincia Esmeralda, Rep. Dominicana. Es comunicadora, periodista y Gestora Cultural. Ha publicado los poemarios: Mujer ante el Espejo, Hija de la Tormenta, El Silencio de Abril y No me Regales Perlas. Otras publicaciones suyas son: Feria de Palabras (entrevistas a escritores internacionales). La Chica de la Sarasota (relatos) y La Flotadora (Microrrelatos), El Sabor de las Letras (recetario literario y culinario) y el libro "Calderón: El primer bachatero del mundo", en co-autoría con José Manuel Calderón. Cuentos y poemas suyos han sido incluidos en antologías y publicaciones de Republica Dominicana, Estados Unidos, Guatemala, España y Puerto Rico.

FLAMINIA CRUCIANI

El café es la sangre de los demonios
el extracto crudo de la resurrección
aquel sabor cornudo
los granos son bombas
en el café está la guerra.

El té tiene manos frondosas
es periférico, sobrio,
casto, severo, milimétrico.
El café es una prostituta en medias de red que azota a pleno día
en la autopista.

El té es un nido líquido que acoge
un ocaso fluido en una taza
con mejillas remotas
el café es el precipicio negro adivino
el huracán en una taza
la crucifixión de la lengua en el paladar
el engaño de un sabor rapaz
zarzas y cardos en la boca.

El té es amor
el café es sexo
el té es para inocentes
el café para culpables.

[traducción: Mario Pera]

Flaminia Cruciani. Roma, Italia. Obtuvo un doctorado en investigación en arqueología oriental en la Universidad Sapienza de Roma con la tesis "La iconografía de los dioses en las glípticas paleo siria". En esta misma institución de estudios académicos realizó una maestría con la tesis *Arqueología e Historia en el Antiguo Cercano Oriente*. Se especializó en el postgrado *Arquitectura para Arqueología-Arqueología para Arquitectura*, maestría enfocada en valorizar el patrimonio cultural. Participó en las excavaciones anuales realizadas en Ebla (Siria), durante muchos años, como miembro de la Misión Arqueológica Italiana en Ebla. Realizó una maestría en historia del arte. Analogista calificada. Se tituló en una especialidad en Disciplinas Analógicas a través del estudio de la Hipnosis Dinámica y la Comunicación Analógica No Verbal y la Filosofía Analógica. Publicó *Sorso di Notte Potabile (Un sorbo de agua de noche)* en 2008, *Lapidarium* (2015), *Semiotica del Male* (2016) *Campanotto y Piano di evacuazione* (2017). Su obra literaria ha aparecido en numerosas antologías italianas y extranjeras.

FRANKY DE VARONA

Oda

Te procuro en el alba
(Primer pensamiento)
¡Augurio!
En mis sueños te intuyo

Sin ti, mi faena es incierta
¡Me haces falta!
Eres mi vicio
tu aroma me despierta
me tienta
me estimula
me reconcilia el alma

Formas parte de mi Karma

Es que hasta el sol sabe de ti
¡Te aguarda!
Tu olor a sierra me transporta
a lejanos lugares
Camino en busca de tu aroma
como Hamelin con su flauta

Eres oda
Néctar del Edén
¡Extasías mis labios, los seduces!
Dulce veneno que cautiva

Desde el Tiger hasta las montañas de Colombia
desde Paris hasta una taza que ansiosa espera
te adueñas de los momentos

Sin ti soy un zombi en tu procura
una estatua que yerra sin rumbo

Preciso de tu innegable presencia

Cuando te absorbo
¡Alquimia!
Algo de mí se estremece
llenas de colores mi día
Me subyugas en un súbito asedio
mientras transitas por mis venas

Me devuelves a la vida.

Café

Café sutil brebaje
que cautiva
Te incita a más
te vulnera con su arrogancia
hechiza las fosas nasales
¡Te resucita!
Sus granos verdes
en un cafetal de la montaña
dan olor a vida
y seducen al molino en un vaivén de espíritus
El café de la mañana
dulce melodía
para el alma.

Franky De Varona. La Habana, Cuba. Poeta, narrador y ensayista cubanoamericano. Ha publicado los poemarios *Solitudes* (2015), *De Azares, Laberintos y Cenizas Rotas* (2016) y *Las Gaviotas También Vuelan en Diciembre* (2017). Participó en la Feria Internacional del Libro, Miami (2017). Sus poemas han sido publicados en revistas literarias, así como en diversas antologías de América Latina y Europa. Ha participado en el evento de la Franco poesía París 2016, también en el evento Internacional de poetas en la ciudad de Cartagena, Colombia. Orador y disertador principal en onceno aniversario de la Tertulia Cuatro Gatos de la ciudad de Orlando, Florida y numerosos eventos en Nueva York (invitado al Rizoma Literario NYC de Hunter College, CUNY), Francia, España, México, Orlando, Miami, etc. Ha sido galardonado en concursos internacionales de poesía obteniendo menciones especiales y premios importantes como la primera mención de honor en el Concurso Mundial de Poesía llevado a cabo en Seattle U.S.A. 2014, donde entre 29 países y más de 2400 poemas ocupó ese distinguido lugar, así como primeros lugares en concursos literarios en Argentina, España, México. Su trabajo ha sido publicado en numerosos blogs y ha participado en numerosos programas de radio en Europa y América. Editor ejecutivo de la revista "RACATA" de Miami. Miembro de la Sociedad Internacional de Poetas y Escritores de América.

MARLENE DENIS

Manías

Me siento en la taza de una constelación
acomodo mis huesos
para ingerir todo el café de la madrugada
todo el humo
                que distorsiona mis desenfrenos.
De este modo exhalo cualquier concilio
que pueda provocar la fecundación
de nuevos parámetros a mi estancia
hasta que revienten las estrellas
                que me poseen en los parques.
Mientras
me zambullo en otra taza de café
y renazco con la luminosidad del alba.

Excomunión masiva de un puñado de palabras

Cada mañana
mamá teje con su lágrima el encanto
de una fe ciega
                con sabor a alpiste y a plegaria
mientras machaca las noticias en mi oreja.
Me alzo
-como Lázaro pero más hambriento-
y voy por la colada de un café
                                plácido
                                    humeante
                                        bien negro y sin azúcar añadido

para probar un cigarrillo
dos
tres
en fin: la cajetilla matinal
    que introduzca su rencor en mi enfisema
        y dé la cara a tanta prohibición.
Luego
paseo al cadáver de mi perro
y pateo las piedras
entre las cuatro paredes del otoño.
Cada mañana acudo a la sacrosanta cafeína
y fortalezco el esqueleto de acudir al mundo
y cada tarde
y cada noche
asesino
    con mis manos muertas
        cierta musa.

Marlene Denis. Cuba-España. Poeta, conferencista, narradora, profesora de letras y correctora de estilo. Con más de una treintena de premios, ha sido publicada en 56 antologías y traducida a varios idiomas. Presidió y asesoró Talleres Literarios en La Habana desde 1984 hasta 1997. Graduada de la Academia de Lenguaje y Edición en Barcelona, en el año 2009. Ha coordinado y participado en un sin número de festivales. Miembro de la Unión Nacional de Escritores de España (Delegada Regional en Cataluña) y de la Asociación Mundial de Escritores entre otras. Ha publicado más de 15 poemarios.

JULIETA DOBLES

Aromas del café

¿Quieres una tacita de café?
Es savia de la patria,
incienso, más que aroma, de la tierra,
azahar de nuestra infancia,
arbolillo sagrado en nuestros predios.

Él introdujo al siglo
entre un bostezo y otro del terruño,
rescató a los abuelos
de su insigne pobreza,
dividió a los hermanos
en dueños y olvidados
instaló presidentes,
fusiló heroicidades,
y llenó a San José
de estatuas, y de teatros
y de parques y música y poemas…
¿Quieres una tacita de café?
Es el perfume del amanecer
en todas las cocinas de la patria.
Es el pretexto ideal de la tertulia,
el confortante aroma en la amistad,
el beso que no espera,
la mano sostenida y cordialísima
que invita a su casa y a su paz.

El café nos eleva a la riqueza
y hacia el año siguiente cae su precio,
caprichoso y desleal,
y de pronto sabemos que,

en lo que va desde la noche al día,
somos solemnemente pobres
por algún misterioso mecanismo,
aunque el mundo prosiga degustando
el café de las cuatro y la amistad,
el café amargo y breve
desde la sobremesa adormilada,
el café con sus soles perfumados
y sus lácteas tibiezas
en las mañanas presurosas y gélidas.

Ahora estamos en alza,
la cosecha derrama
su escarlata festivo
sobre el serio verdor
de los arbustos viejos.
Los azahares de lujo de febrero
dignos de algún jardín afrancesado,
se han convertido en esas cuentas verdes
que el sol transforma en lágrimas purpúreas.
Y octubre se inaugura con manos diligentes
recogiendo esos granos perfectísimos
que nos harán de nuevo torpemente felices.
¿Quieres una tacita de café?
Hablaremos del mundo, de la tarde
Que se va, con su rastro
de cobres y naranjas y rumores.
Hablaremos del tiempo,
de tu humor de poeta
que solloza nostalgias,
del amor que se salva por milagro
de las grises miserias de lo diario fallido
y del bendito aroma
del café "acabadito de chorrear",
salvador, humildísimo,

confortante, traslúcido,
en las tazas sin tregua de la patria.

[De *Costa Rica poema a poema* (1997)]

Julieta Dobles. San José, Costa Rica. Poeta, escritora y profesora. Cursó estudios de Filología y Lingüística en la Universidad de Costa Rica, donde ya había culminado un profesorado en Ciencias Biológicas. Posee una maestría en Filología Hispánica, con especialidad en Literatura Hispanoamericana, por la Universidad del Estado de Nueva York, Campus de Stony Brook. Miembro de la Academia Costarricense de la Lengua, correspondiente a la Real Academia Española de la Lengua. Ha publicado 18 poemarios. Cinco veces ganadora del Premio Nacional Aquileo J. Echeverría y galardonada con el Premio Nacional de Cultura Magón en 2013.

MAGDA DOYLE

Café amigo

Venís de la tierra, esa que nos alimenta
y nos abriga en su regazo, en nuestro último respiro.

Tu verdor se confunde con la naturaleza…
y luego tu madurez,
la cual lográs junto a tu danza con el sol y con el viento,
y te volvés alimento,
bebida que trasmite energía, la que disfruto
en una deliciosa taza de café.

Café

Me levanto con vos y
me lleno de tu energía.
A lo largo del día estás conmigo y te disfruto.
No me pidás que me acueste con vos, Moreno.
A pesar de que me encantás, necesito dormir.
Esperame pues, por la mañana. ¿Vale?

Magda Doyle. Granada, Nicaragua. Es candidata doctoral de la Universidad de Georgia. Obtuvo una maestría en Auburn University. Es licenciada en - Economía de la Universidad Autónoma de Nicaragua. Escribe cuentos, poesía y teatro. Actualmente trabaja en la Universidad de Fordham y Hunter College en la ciudad de Nueva York.

GLADYS ESPAÑA MUÑOZ

Aforismos sobre café

Te quiero
tan fuerte y concentrado
que tu aroma se perciba en el cielo.

Amargo como mi soledad
así me gustas
                café

Eres mi pasado
mi presente
mi futuro café de la noche

Amo al café
como al hombre fuerte
que amarga y endulza

Que nunca me gustes más
que mi café
a solas.
Ni tú me quita el sueño
de tomarte
ni yo te lo exijo, café

La tarde huele a retazos
a historias, a tiempo, a distancia,
a lo que somos, remojadas en café

Los tiranos odian el café
Porque son enemigos

de la libertad.
Todo en exceso es malo,
menos un café
y las 500 noches de Sabina.

Yo sin café
como Paris
sin Eiffel

Si no existieras
te hubiera inventado
                    Café.

Entre el bien y la noche
Entre el cielo y la desidia
de mi negro…café.

Un café en la noche
una flor para la despedida
siempre en ese orden.

El de la bata blanca te desprecia
Te matará -susurra-
ni en el psiquiátrico te olvido mi adorado negro.

Después de mi café antibalas
lo que venga
un día sin café, un día sin vivir.

Mi café me da vida
me da sueños
y los mejores amaneceres.

Un café al despertar
y un abrazo para continuar.
sucumbiendo a las tentaciones con café.

Unos tienen dinero,
otros, belleza
yo tengo café.

La felicidad
tiene tu forma
aromática taza de café.

Culpan
al café de mis insomnios,
pero tiene nombre y apellido.

Cigarros, café, y tú,
son
mi trío perfecto

Otro no lugar
otro desamor
otro café.

Un giro
Un recuerdo
La cuchara en el café.

En mis días de amapola
En mis fríos insomnios
En el suave canto de la brisa siempre tú.

Un café,
en la luna un hombre
 y la revolución se hace

Mis diarias batallas
solo tienen sentido
después de ti
Despacio y perfumado llegas a mí

agitas mi corazón.
desde el primer sorbo

Tu amor es como el café,
se desliza por los labios
llega a la cumbre, penetra el corazón.

Gladys España Muñoz. Manabí, Ecuador. Aficionada a la literatura, gran lectora de poesía e historia, escribe frases cortas y aforismos especialmente sobre el café, publica sus textos en redes sociales, blog etc.

MAURICIO ESPINOZA

Abril nevado

A treinta grados en las montañas del trópico,
la nieve ha caído en abril.
Blancas las colinas
que ayer no más fueron verdes,
tu piel vestida de sol me recuerda
el rito anual,
milagroso,
de la flor del café.
Antes de que se acabe esta efímera visión,
este fragante momento,
antes de que mayo arribe con sus vendavales
y sus aguaceros,
vámonos al campo,
amada mía,
donde yo nací.
A la noche compartiremos un café,
endulzado por el licor de nuestras ansias,
y haremos el amor bajo la luna gris,
en las montañas blancas.

Café II

a HR

Como bien sabés,
amada,
el café que ahora degustás
en esta vieja casona con jardines de bambú
y fantasmas de amantes en los rincones,
no está hecho del fruto del cafeto sino de su semilla.

Todos hablan del pálido grano
que tostado y molido y percolado
nos repara el alma y nos hace mirarnos
más cálidamente en tardes de lluvia como ésta.
Pero yo conozco el fruto que casi nadie conoce,
el que termina desechado en los ríos o procesado como abono.
El fruto del café no es más que una delgadísima cáscara
que te cabe entre dos dedos,
y por debajo,
cubriendo al grano que los mercaderes japoneses o suecos
compran por miles de dólares,
tiene una miel casi transparente sin valor monetario
que tantas veces he probado,
yo que nací en esas montañas donde los dioses
destilan su bebida favorita en imposibles campos volcánicos.
La miel del fruto del café no tiene comparación.
Si pudiera usarse para endulzar esta taza que tomamos
mientras la tarde apura mi inevitable partida,
te lo prometo, amada,
el azúcar perdería su lugar para siempre en mesitas como ésta
donde mi mano se arrastra inquieta hacia la tuya.
Y habría más enamorados bajo el bambú
cuyas hojas destilan el clamor de la lluvia
y más amantes en las esquinas de esta casa cansada de fantasmas.
Por último, amada, te digo,
y esto aún no lo sabés:
vos sos como la miel que se esconde tímida en el fruto del café;
y yo, el catador infatigable de tu piel.

Descafeinados

¿Cómo te gusta tu café?,
me preguntas mientras desfilas por la cocina
con el cliché de mi camisa blanca
y el algodón de tus panties estampados Hello Kitty.
Fuerte, te respondo, fuerte como un ataque de obsidiana
al corazón, e igual de ensangrentado
ya que miro que no tienes azúcar.
Café puro, sin sabores añadidos.
Y jamás descafeinado.
¿Para qué molestarse?
Si de café sólo tiene el nombre, y aun así en negación.
Es como el desamor: tendrá la palabra, amor,
pero no es más que la ausencia de tus besos
y la afirmación punzante de tus recuerdos en Polaroids
hechas trizas, exprimidas, puestas a secar
(a esos y a esas también les quitaste la cafeína,
y me hiciste una tacita debilucha, sin alma).
Mejor darse un tiro en la cabeza:
que hasta de los sesos destrozados se puede
hacer un café más respetable, bueno
para pensar las cosas sin prisa en mitad de la tarde.
¿Pero en qué estábamos?
Sí, mi café, y después, quizá,
pedirte que me devuelvas la camisa
y recordar ese otro café que me hiciste
(no tú, la otra tú, la de entonces,
la del desamor de arriba, ¿captaste?).
Fue en una mañana de febrero con sol,
pero no había sol.
Fue como este café:
le sobra café,
y le faltas tú.

Mauricio Espinoza. León Cortés, San José, Costa Rica. Profesor de literatura y estudios culturales latinoamericanos en la Universidad de Cincinnati. Ha publicado dos poemarios: *Nada más que silencio* (2000) y *Respiración de piedras* (2016), el cual recibió el Premio de Poesía 2015 de la Editorial de la Universidad de Costa Rica. Sus poemas también aparecen en *The Wandering Song: Central American Writing in the United States* (2017). Es co-traductor de *Territory of Dawn* (2016) y *The Fire's Journey* (2013, 2015). Tradujo al inglés la obra de la poeta costarricense Eunice Odio.

ISABEL ESPINOSA PEÑA

Metamorfosis

Desde el grano y la siembra
al esparcido tallo,
leñoso, fuerte, con brillantes hojas
a encantadora y nívea florescencia…

Desde el múltiple abrazo
entre la danza cíclica:

savia
sol
lluvia
alas,
aire
verde
amarillento
púrpura
dorado

hacia el moreno intenso…
En movimiento interminable y grato,
llega el café a los labios
para regocijar el alma,
endulzar la palabra
y estimular el viaje
por diversas rutas.

Café

Desde el comienzo de su larga historia
el café, con su aroma y apariencia,
llega hasta hoy, magnífico en euforia
a regalar su espíritu y presencia.

Enigmático andar desde Etiopía…
De la lejana Arabia a nuestro suelo
apareció benévolo algún día
para asistir la lucha y el desvelo.

De confín a confín placer y aroma
se entrelazan tan solo en una toma
relegando la angustia o el tormento.

Y beberlo y gustarlo, dos placeres,
a pesar de distintos pareceres,
enlazados en un mismo elemento.

Isabel Espinosa Peña. Colombia. Egresada de estudios musicales en las universidades Nacional y Pedagógica de Colombia, así como del Conservatorio de la Universidad del Cauca. Además de sus obras musicales plasmadas en dos discos compactos, ha publicado: Relatos para niños: *Relatos de Isabel* y, en el campo de la poesía: *Todos los tiempos, Caminos silenciosos, Matices y cadencias* y, a la espera de la publicación de *Con-Secuencia*.

HÉCTOR EFRÉN FLORES

Cuando sos café

Secar al sol el rojo de tu grano
y tostar cálidamente
entre mis manos
tus pasiones.

Y beberte
sorbo a sorbo
despacio
entre labios.

Desde las complicidades del deseo
beber tu esencia
tu ser mujer
tu esencia a café.

CafeteArte

Fue así
Casi de súbito
Te puse entre los dedos
Y después en mi boca
Desde esa terquedad de fuego que derrite
Y el humeante momento que se escapa.

Nos hicimos beso…

Y fuimos boca en taza
taza en meza
mesa en el umbral
y alucinaciones desbordándose
portal infalible a la pasión.

Hasta el fondo
sin prisa
con antojo
con el último sorbo
sin apresurar el tiempo
en el mismo viejo café.

Héctor Efrén Flores (Chaco de la Pitoreta). Olancho, Honduras. Abogado, poeta y gestor cultural. Publicó *Versos para leer desde las Trincheras* (2012), *Fe y Alegría: Entre Las y Los Tolupanes* (2013), *De la Opción a la Acción* (2012), *uniVerso* (2014) y *1976* (2016). Fue publicado en la *revista ombligo* con poemas *Sin tiempo ni Distancia* (2015). Ha sido antologado en *Todos los Caminos* (2014), *Al final del Asfalto* (2015), *Palestina Poemas* (2015), *Voces de América Latina II y III* (2016), *Africa vs América Latina I* (2017), *Voces del Vino* (2017), *10 años Cien Mil Palabras* (2017).

LUIS FLORES ROMERO

Extiende una invitación para beber café en un lugar nocivo

He vuelto a comprobar que lo sabroso
de estar en Starbucks es el vasito,
el cual lleva tu nombre mal escrito,
y todo lo demás es un acoso.

Si te quieres sentir menos mugroso,
si quisieras pasar por erudito,
vamos al Starbucks, que yo te invito
—pero déjame ahorrar: es muy costoso—.

Ya estando en el café, todo lo apático
se te ha de ir, igual que los bostezos;
y si llevas laptop, entonces sácala

y siéntete escritor aristocrático
mientras disfrutas por cincuenta pesos
un pésimo café que sabe a guácala.

[Del libro *Sonetos ñerobarrocos* (2016). Este libro no lo firmé con mi nombre
real, sino con mi heterónimo que es: Lufloro Panadero]

Alma

Alma dijo que apartara mesa para dos;
llegaría en poco tiempo. No te tardes. Alma:
desde arriba, la ciudad tiene más pros que destrucciones,
tiene las calles menos duras, más insólitas las luces.
El café se enfría, suele suceder cuando el café se toma
desde la terraza de un octavo piso. La ciudad es una fija
costra múltiple señora inmensa casi dulcería de lo alegre,

casi funeraria de lo oscura. No lo sé: tiene sus cruces
y sus perros, sus postes y sus pestes, pero al verla desde arriba
gana en hermosura, pierde peso la señora. Cae la luna
como en rebanadas entre los cristales de los edificios.
La ciudad tiene sus peros y sus pétalos y a ti,
que llegarás en poco tiempo. Cae de gota en gota
la crema líquida en mi taza. La ciudad es una estúpida manera
de perderse, deshojarse, tropezar en los relojes. Va de prisa
la canción del tiempo en nuestros rostros; sin embargo,
la gente vista desde aquí me ha parecido no tan rauda, los minutos
de allá abajo corren sin ninguna alteración, todo sucede
con un galope regular. Estoy a gusto, de verdad estoy a gusto,
se me nota en la dulzura del café que tomo a breves sorbos.
Alma:
tanto arriba como abajo somos poco menos que un montón
de sequedad que ahora brilla y luego calla; siento alivio
de saberlo, no hay engaño, siento la ciudad con más amor
que coladeras, tiene más desnudos que suicidas,
y te tiene a ti, que tomarás café conmigo. Que la amas.
Bebo sosegado, pasan los lamentos, quiebro mis demonios,
enluno mi café. Te espero, Alma. La ciudad es una serie
de soledades y muchachas y canciones
y muros y lluvias y llagas. Y llegas.

[Del libro *Lotería del baladro*, publicado en 2017]

Café satírico

Y, mientras pasa la muy ninfa,
suspendo mi café, mi tarta,
mi condición de quejumbroso:
me voy con ella a Sayulita.
Quiéreme, dice, dame luna,

desata lentas, permanentes
flores posesas en mi cuerpo;
me pienso toda tu señora,
ponme tu amor como un caballo
que me nombrara en su galope.
Me queda bien tu vuelo, dice,
no me detengas esta lumbre
que yo por ti perdí mis cuándos,
no tengo dóndes ni presencias,
sólo mi aroma enumerándote,
me pienso toda tu señora,
soy tu desnuda para serte.
El mar nos pasa su meneo
y la muy ninfa es un oleaje
carnalizado por el mar.
Y entonces pasa el tiempo y cada
noche crecemos, cada noche
crecemos tanto para siempre.
Todo lo dicho, por supuesto,
sucede en menos de un minuto,
que es lo que tarda la muy ninfa
en desaparecer.

La tigra

Ella vende café de noche
pero es blanca,
no sé qué hojas de opalina la han formado
pero es blanca
a pesar de su contacto con los granos de café,
es muy extraño:
¿no debería ser muchacha negra?,
¿no debería vender la pura leche?,
¿o ser muchacha insomne y abisal?,
¿hirviente, amarga, melancólica?,

¿por qué no es negra esta muchacha?,
¿no vino de Etiopía?, ¿no es hija de la noche
y es hija de la leche? ¿Y dónde está Petrarca?,
Petrarca bien podría amar mujer tan mármol,
yo tendría que tocarla mucho tiempo
hasta agotar sus algodones más privados,
sus ebúrneas redondeces
y el más sensible nácar de su piel;
yo tendría que tocarla
hasta la profanación,
y tenderla como sábana de virgen,
saber por qué no es negra,
por qué es tan desgraciadamente hermosa,
tan firmemente blanca, tan semejante al pulque,
tan envidia de la nieve;
no sé si sea fragante
porque tampoco sé si lo es la luna,
entonces, si no puedo oler la luna,
¿cómo puedo oler a esta muchacha?,
y, sobre todo, ¿cómo la puedo amar?,
nunca he podido amar un incendio tan blanco,
un silencio de albas mariposas,
una mujer que pudo
ser tigra siberiana,
con rayas de oscuridad, naturalmente;
pero no: vende café
por más que esté gozosa de azucenas
y sea toda leche o toda nieve;
ella vende café
y no la puedo amar
porque no soy astronauta ni Petrarca,
porque soy intolerante a la lactosa,
además de ser friolento
y cobarde.

Luis Flores Romero. Ciudad de México. Licenciado en Letras Hispánicas por la UNAM. Ha impartido talleres de versificación y creación poética en diversas instituciones. Es autor de los poemarios *Gris urbano*, publicado en 2013 por la UACM (Premio Nacional de Poesía Joven "Jaime Reyes" en 2009), de *Sonetos ñerobarrocos* (2016), y *Lotería del baladro* (2017) que recibió Premio Nacional de Poesía Joven "Salvador Gallardo Dávalos" (2016). Es Premio Nacional de Poesía "Ramón López Velarde", 2017. Becario, en el área de poesía, de la Fundación para las Letras Mexicanas durante los periodos 2010-2011 y 2011-2012, y del FONCA en el periodo 2015-2016. Desde 2014 conduce un programa de literatura en Radio UNAM. En redes sociales, con el heterónimo de Lufloro Panadero, comparte versos satíricos.

CARLOS ERNESTO GARCÍA

El café

Es imposible detener
todas las manecillas
de todos los relojes del mundo.

Entonces
me conformo con entrar en el bar
donde suelo beber
al menos un café al día.
Eso me transporta
a las horas solariegas
del patio de mi casa.

Ahí me sumerjo hasta el fondo
buscando esconderme de mi mismo
y en el rincón de siempre
me entretengo tomando nota
de lo que me gustaría hacer
algún día.

Un café de atardecida

Él un marinero.
Ella la eterna mujer del puerto.
La que espera siempre.
La que siempre esperó.
Él anciano ya
lee en ella

a la mujer
de hace veinticinco años atrás.
Ella enamorada de él
acepta sin reproches sus caricias.
Yo próximo a su mesa
escribo una carta
que nunca enviaré a ninguna parte.

Ella lee para él
lo que supuestamente
dice de su horóscopo
una gastada revista del corazón
y así le habla durante más de media hora
con palabras imposibles de imprimir
hablándole con el corazón
-no el de la revista
sino el suyo-

Desde las primeras letras
intuye que el hacedor del horóscopo
de este mes
se equivocó por completo.
Que en realidad lo que ella desea
es que él no se vaya.
Que se quede para siempre
o que tenga al menos
el valor necesario
para decirle que la quiere.
Que Islandia por bella que sea
queda demasiado lejos
como para no doler.
Así le habla
mientras él la escucha distante
con la mirada perdida
en un punto fijo.

Carlos Ernesto García. El Salvador. Poeta, escritor y corresponsal de prensa salvadoreño, ha publicado los siguientes libros de poesía: *Hasta la cólera se pudre* (1994), publicado ese mismo año en New York, bajo el título *Even rage will rot;* *A quemarropa el amor* (1996) y *La maleta en el desván* (2009). Además, ha sido incluido en diversas antologías, entre las que destaca: *La Poesía del siglo XX en El Salvador* (2012). Es autor, también, del libro en tono novelado, *El Sueño del Dragón,* que narra su viaje por el río Yangtsé (China), y otro de reportaje titulado *Bajo la Sombra de Sandino,* basado en entrevistas realizadas a destacados ex comandantes del FSLN. Su obra poética ha sido llevada al teatro, la música, la pintura, la danza moderna y la escultura. Invitado, por diversas instituciones académicas y culturales de Europa, Asia, América Latina y Estados Unidos. Su poesía está traducida al inglés, albanés, chino, francés, macedonio, italiano y árabe, entre otras. Es director de *La Guardarraya,* revista digital de literatura. Desde finales de 1980, vive en Barcelona.

LEDA GARCÍA PÉREZ

Conjuro

Cuerpo y fragancia de mujer madura,
fruto infiel camaleonando traje
en estación de fuego.
Verde inicial su piel,
roja después de amarnos
en humeantes ternuras.
Bebemos en taza de los tiempos
su honda negritud
hasta volvernos vida.
El café me conjura
y yo lo acepto.

Amores huérfanos

Amo su cuerpo que despierta
lujurias insensatas,
no lo puedo tocar.
El color mestizo de su piel,
fruto de tiempos anteriores,
no lo puedo negar.
Sus olores perversos
que invitan a la orgía,
no los puedo besar.
Amo su olor que mañanea en mis ojos
como cristal rendido,
no lo puedo tomar.
Soy alérgica al café.

Leda García Pérez. Costa Rica. Escritora, actriz, abogada, comunicadora. Directora y fundadora del Encuentro Internacional de Poesía Hojas Sin Tiempo. Ha publicado: *Conmigo al desnudo, Voces de olvido, Poemas inevitables, Cantos de piedra y pétalo,* entre otros. Ha recibido varios galardones, entre ellos el Premio Lisimaco Chavarría, II lugar, Instituto Cultural Latinoamericano.

EDUARDO GAUTREAU DE WINDT

Acaecida Ausencia

Aquí cantan los gallos y tu ausencia muerde mi ser en agonía.
Allá, bajo la lluvia, tu cuerpo entre otros cuerpos que rozas y tú
miras,
mientras fluye el deseo de tu acaecida presencia
entre mis manos, desvanecida ya.
Frontera acabalgante entre el deseo y el amor.
Entre tu yo y tu elle, entre yo y tu pasado.
Ahora sé que el aroma del cafeto perfunde por tu ánima.
Ojalá no te obnubilen sus armiñas y débiles flores,
pues su grano es amargo a la lengua y los labios
a pesar de su encendido y pasional rubor.
Mi luna,
mujer de mis alucinos,
mujer de mis ensueños y mis aspiraciones.
Sé que ahora tu cuerpo huele como el cafeto
y está húmedo de lluvias y de ganas
Aunque no nos separan 2500 millas de distancia,
hay un rumor de versos entre nosotros dos,
hay caricias y cuerpos, compartidos por ambos
en rituales secretos de amor, allende del café y de otros cuerpos.

Como todas las cosas

Como todas las cosas de la vida,
la ternura del café por las mañanas
viene envuelta en la piel de una mujer.
Y los besos con café tienen su aroma,
enroscados en su lengua

humedecidos en sus labios, al norte,
y al sur también,
porque mi norte es el sur... siempre.
Y si ya me tomo el café
vengo del sur al norte
atravesando kilómetros de piel.

Como todos los cafés de las mañanas
las ternuras de una mujer me embriagan...
de norte a sur.
Como todas las cosas de la vida, el café.

Eduardo Gautreau de Windt. República Dominicana. Poeta, ensayista, analista literario, narrador, dramaturgo, articulista y conferencista. Escritor activo en las redes e inquieto investigador. Por más siete años organizó una tertulia poética que se convirtió en un referente sobre poesía dominicana. Obras: *Susurros de la Lux* (3ra ed.), *Sublime Incompletud*, *Traducido soy otro*, *A tientas por tu yo* y *Relatos de un silbo*.

BRIGIDINA GENTILE

Café

Amo el silencio de la noche
cuando todo se hace presencia
y en el condominio
soledades acurrucadas duermen,
algunas sufren de insomnio.

Sombras atraviesan el patio,
avanzan decididas
pensándose invisibles.
Ya saben que lo consiguieron
el presente está lleno de abogados.

Invade los sueños el humo
del tabaco barato
que fuma el tipo en el sótano
mientras prepara la masa del pan.
Cuando la levadura
supera la reticencia de la harina,
el olor a café me dice
que también el umbral de las cinco
ha sido superado
entre las cargas y descargas
del mercado.

La luz penetra las puertas y
ventanas que se están abriendo
mientras se cierra lenta
la cortina de hierro del *night* club
sobre el vaivén de los transeúntes
que toman de prisa su primer expreso
en el bar de la esquina.

Brigidina Gentile. Italia. Escritora, traductora, antropóloga cultural. Compiladora de la antología *L'altra Penelope* (2008, 2014) que recibió la Mención de Honor del New York Book Festival en 2012 y *La otra Penélope* (2011). En 2011 editó y tradujo la antología *Scrivere donna. Letteratura al femminile in America Latina*. Obra: *Notturni à la carte* (microrrelatos) y *Penelope misunderstandings* (poemario) (2012). Premios: Premio Ipazia (2010) con el poema *Moon* y Premio Mimosa (2015) con el cuento *San Diego, California*. Ha sido escritora invitada al taller del escritura *Tinta, Papel, y… café*, de la Mid Manhattan Public Library de Nueva York. Sus artículos sobre México y la cultura indígena, la escritura femenina, el cine, la literatura y la comida se pueden encontrar en línea, así como en revistas, y libros.

IVONNE GORDON

En el paladar

Mientras se mezcla con el humo y las hojas del viento
el aroma del café invade mi cuerpo

Apenas reconozco en mis ojos de sueño, de amor
esa esencia que nos mece en voces de signos.

El néctar mañanero me construye a media voz,
para en un momento hacer de mí una diosa de siete voces.

Aprecio en el paladar su roce amargo y su color a troncos
de árboles maduros, y en ese momento la penumbra de
                                    desmorona
y comienzo a repetir las sílabas de tu nombre. Hay pájaros
                                    hilvanados
en el vuelo, hay piedras buscando una ribera. Hay lagartijas
                                    avivando
el vuelo de los colibríes. En la nebulosa de la olla de café,
te encierro en el movimiento de ese líquido oscuro que se
                                    desvanece
en mi garganta. Así me quedo cada mañana, callada, quieta
                                    contigo
en el fondo del café.

Almíbar de café

Amar sin apuro mientras el tiempo abre de par en par las
                                    ventanas
por los armarios, los baúles y los cajones sonámbulos.

Amar sin tarde, sin noche. Se va guardando. Como si fuera una
delicia
que se deposita en una taza de café. Y queda.

Ese olor a café, a ti queda guardado en una esquina oscura
de un armario antiguo, en un baúl tallado con torrentes de sol,
en un cajón perfumado con claridades de viento. El aroma de
café
de nuestros cuerpos queda. Y conforme los días pasan
se va guardando lentamente. Se va quedando. Ese amor sin
apuro va dando su punto en todos los rincones que huelan a café.

Café

Hoy me desperté suspirando.
Será amor, me pregunto después
del primer sorbo de café. Será memoria
de mis sueños después del tercer sorbo.
Será nostalgia después de terminar la taza
y desear otro sorbo más que abrigue mi cuerpo
y despierte mis sentidos. Tantas preguntas
cuando mis ojos todavía ni siguiera captan
el aroma del día. Qué complicado
es tomar café en la mañana.

Ivonne Gordon. Quito, Ecuador. PhD en Poesía Latinoamericana y Teoría Literaria. Poeta, ensayista, crítica literaria, traductora y catedrática. Traducida al inglés, griego, rumano, belga y polaco. Obra: *El tórax de tus ojos (2018); Danza inoportuna, Colección 2alas (2016); Meditar de sirenas (2013-2104); Barro blasfemo (2010); Manzanilla del insomnio (2002); Colibríes en el exilio (1997); Nuestrario (1987).* Premio en poesía Jorge Carrera Andrade. Nominada mejor poeta de Latinoamérica en el Festival de Rumanía, y finalista del Premio Extraordinario, Casa de las Américas, ganadora del Premio Internacional en poesía Hespérides.

HAJI-HARIS HAJI HAMZAH

Amarga y dulce Memoria
(En una taza de café)

Se expulsó la lluvia
en la brisa
Abrazó acremente
fracasos mojados

en tu memoria y en la mía
en la terraza caliente
con el espesor de la porcelana
café lujoso
de la antigua temporada de lluvia
hasta que se detenga

una taza amarga de reminiscencia
el pesado café tostado
aderezado con azúcar
amor de miel que eche de menos
abraza suavemente
el cuerpo frío

feliz con tiernos abrazos
en mi taza de café
Me recibiste
no obstante, el almíbar acre de la vida
convierte mi café más oscuro
en una memoria
inolvidablemente,
remembranza del alma

que vive
cada vez que la lluvia
desencadena
busco esa taza de café.

¡Oh querida, amar tus mieles
es la alegría que una taza de café
podría traerme!

Haji-Haris Haji Hamzah. Singapur. Autor de: *Harisharis~Himpunan Puisi harisharis (1985-2015). Harisharis~Mengintai Cahaya (2015-16). Harisharis~Jejak Temasek I (2016). Harisharis~Kita Bersama:Dirgahayu Sastera Nusantara (2017). Harisharis~Antologi Puisi Pulara (2016-17). Harisharis~Kita Bersama:Dirgahayu Sastera Nusantara (2017). Harisharis~Antologi Puisi Pular (2016-17).* Miembro y representante de la nación mundial de escritores en Kazakhstan. Presidente de 'La unión de poetas'. Formó la unión de escritores en Singapur con base en Italia y organizaciones desde Malasia hasta Rumania. Ha sido nombrado embajador Palatul Culturii, (Romania) y delegado de los festivales de sureste de los países asiáticos.

TATY HERNÁNDEZ DURÁN

¡Hay café!

I

En este aquí, en este ahora.
Intentas escribir
para halagar al café por tantos
momentos plenos, vividos al detonar
de su sabor y aroma.

Sientes que la página está en blanco.
Los dedos no logran transmitir
el intenso vibrar.

Quieres llorar.

Te sientes inútil.
Una no-poeta.

Se te dificulta conjugar versos.
Has perdido la sensibilidad de ir
y venir tras ti misma.

Más te detienes.
Piensas en su olor.
Incienso incitador de amor.
Candil que alumbra la niebla del despertar.
Remanso para acoger los versos, besos, abrazos.
Bálsamo gentil, calmante de las heridas y sinsabores.

¡Has colado un café!
¿Para despertar el numen?

No lo sabes.

II

Lo paladeas sin inhibiciones.
Su sabor regocijante provoca que tu olfato
juguetee con el aroma que humea desde el borde que lo apresa.

La calidez de su espuma te roza los labios,
se escurre lentamente por tu lengua,
llenando de placer la garganta seductora
que le acoge cual paciente amante en la espera.

Te detienes. Ya la página no está en blanco.
Tomas un sorbo. Sientes que el líquido oscuro
desde el fondo te sonríe.
Y ya está. Aquí te queda el poema: ¡Hay café!

Taty Hernández Durán. Jarabacoa, República Dominicana. Poeta, narradora, abogada, y gestora cultural. En 1992 obtuvo el primer lugar en Poesía (Jimenoa) en el Concurso Municipal de su ciudad natal, y en 1994 lo obtuvo en el género de Cuento (Esclava de las flores) del mismo concurso. Ha publicado el poemario *Temblor de la espera* (2003). En 2005, participó en la selección de la antología literaria cibaeña *Voces del Valle*. Es miembro del Movimiento Internacional Metapoesía (MIM). Su obra se encuentra en antologías, periódicos y revistas República Dominicana, Estados Unidos, Puerto Rico, Guatemala, El Salvador, Venezuela, Nicaragua y Panamá. Desde el año 2002 organiza y coordina el Festival de Poesía en la Montaña. Ha participado en ferias, congresos, recitales y festivales internacionales en Venezuela, Panamá, Costa Rica, Estados Unidos y Puerto Rico y ha sido jurado de concursos literarios de proyección nacional.

MARTHA ELENA HOYOS

Ritual

El amor de la mañana sabe a sorbo de café
                recién colado.
Viene con la aurora a despertar el día,
a entregarle a la vida su compás,
a poner sobre las horas sus preguntas.

El café,
sonoro encanto, burbujeo del agua,
cae lento sobre el sumun triturado de la almendra,
libera su aroma de cosechas y desvelos
y sube presuroso hasta la alcoba
donde el goce viaja por ese vapor irresistible
                que se eleva.

El amor,
    —fragancia peregrina de ciprés y guayacán—
lleva la nariz hasta su taza,
acerca la boca hasta su aliento,
rodea su cuerpo hasta catarlo.

El amor de la mañana sabe a sorbo de café
                recién colado,
arábica danza que por dentro arde,
sueño que sucumbe
al ritual de los aromas.

Un roce exquisito de guayaba madura
antes y después del beso
se hunde hasta el sorbo oscuro
y luminoso del placer.

Hazme el café

Germíname
Almacígame
Siémbrame
Riégame
Coséchame
Desmucilagíname
Ferméntame
Lávame
Soléame
Tríllame
Tuéstame
Muéleme
Cuélame
Olfatéame
¡Bébeme…!

Martha Elena Hoyos. Colombia. Cantautora, poeta e investigadora de culturas latinoamericanas. Publicó *El Canto de las Urdimbres,* el cancionero *Canto colectivo, canto sanador.* Coeditora de Agenda Mujer y creadora del personaje de caricatura Mayra. Ha participado en encuentros y festivales de poesía y música en México, Argentina, Bolivia y Colombia. Ha musicalizado textos de los autores Rafael Alberti, Aurelio Arturo, Luis Vidales, Martha Lucía Usaquén y Dolores Castro. Directora: Ruta Internacional de Mujeres Poetas "País de las Nubes en el Camino del Café" de Quindío-Colombia y de la Fundación Cultural "América en mi Piel".

ARSENIO JIMÉNEZ POLANCO

De mi letra al café

Amargo caramelo para endulzar los sueños
en la cama de los pobres del mundo
cuando mueren de inequidad las esperanzas.

Exquisita Indulgencia -regalo cotidiano
con que solaza el hombre su trabajo,
en elevado hacer de su intelecto
o en las duras faenas con sus manos

Es "carta universal"
para ablandar tensiones
cuando en la mesa de los negociadores,
se torna necesario
borrar acentos
a sus palabras graves.

ya sea fuerte,
con menor cuerpo,
o afrutado,
tiene el aroma del café una magia
que envuelve en un estado indescriptible
para hacernos amigables con la vida.

Café es verbo.

Aroma y gusto en balance perfecto.
Desde los sabios de la medicina
hasta el cultor del gusto en la cocina,
ha sido halagador del intelecto.

Dicen que es de los dioses predilecto
aunque a nadie por rango discrimina.
De toda raza al paladar fascina,
como rey de bebida es mi prospecto

Ha viajado en la historia gran trayecto
desde Etiopía hasta la mesa china.
Y en Arabia trazó su plan perfecto.

Desde Europa hasta América directo
llegó para quedarse en cada esquina
donde el verbo es "café pluscuamperfecto".

Arsenio Jiménez Polanco. República Dominicana. Poeta y narrador. Miembro del Círculo Literario Estrambote. Publicaciones: *Sonetos Honrando al Rey*, *En tres tiempo*s, *Memoria poética* y *Cuentos para leer de pie y siete narraciones para sentarse.*

K

HILAL KARAHAN

Café con leche

I

Mientras estábamos bebiendo café de leche, totalmente sentado
con el olor a lluvia,
al jardín y la tarde, ella susurró

Mientras yo sostenía firmemente la última taza de café de mi dote
al igual que mi madre y mi abuela

Mientras ella contaba con sus pequeños dedos
uno, dos, tres... los pájaros aleteando en el pecho de la taza

Mientras ella estaba molesta con las aves para que entrarán
en la jaula de las grietas, la predestinación de mi madre y la abuela

De repente le susurró:

"la leche de Papi es una momia amarga"

II

Ella susurró de repente,
como si nada hubiera pasado

Todos estaban conmocionados, nosotros, el olor a lluvia,
el jardín y la tarde, mientras trenza sus rizos

Era la taza caliente
o la casa temblando
de repente
vació mis manos

Mis palabras fueron destrozadas, rasgadas a jirones

Mi madre y mi abuela se derrumbaron,
así que su inocencia se aglomera en mí

Mi espalda se fracturó repentinamente.

"la leche de Papi es una momia amarga"

III

Todos se dispersaron,
el jardín, el olor a lluvia y la tarde

De repente susurró
como si nada hubiera pasado

Oh Dios, estoy ciega, sorda,
¿Enterrada profundamente en tierra grave?

¿Cómo tome ese maldito hombre
a mi cama como marido
por todos los jodidos años?

Oh, ¿qué hago ahora?
¿Salto del acantilado?
¿Cómo puedo mantenerte
a salvo?

¡Dios mío, qué castigo tan maldito!
para un niño tan pequeño,
¿no te da vergüenza?

Mientras bebíamos café de leche, de repente:

"la leche de Papi es una momia amarga"

Hilal Karahan. Gaziantep, Turquía. Escritora, traductora y doctora. Traducida a diversos idiomas. Libros: *Iç Sözlük-Bir Günün Özeti - Resumen del Diccionario Propio de un Día, Tepenin Önünde - Frente a la Colina, Giz ve Sis - Secreto y Neblina.* Yaşar Nabi-Nayır, *Gecikmiş Mumya - Momia Tardía* (2010) *Ateşi Bölen Gece - La Noche que rompe la Pasión,* obra galardonada con el premio Burhan Günel en 2013. *Denizi Arayan Sokak - Strada Care Cautã Marea Denizi Arayan Sokak - La Rue Qui Cherce La Mer, Ateş ve Gece Arasında - Entre la Noche y el* قصائدللظلا-, *Fuego, Kırk Yama Kırk Yara - Cuarenta Heridas, Cuarenta Parches Poemas hacia las Sombras.* Ensayos: *Şiir ve Kuantum Dip Köşe Şiir Notları* Compilación: *Öteki Poetika: Bayrıl Şüri Üzerine Yazılar. Bayrıl* (2012). Ensayos: *Poema y Cuantía (2012), Anotaciones Poéticas de Nook y Cranny (2014).* Premio "Icono Mundial de la Paz", otorgado por el Instituto Mundial para la Paz. Miembro del Centro PEN turco, la Asociación de Escritores turcos, la Sociedad Literaria turca y el Frente Poético en Defensa de los Derechos de las Mujeres (directora internacional). Instituto Internacional para la Paz (embajadora turca). Organiza el Festival de Poesía Femenina en Estambul. Ganadora del Primer Premio Internacional de Poesía Inglesa. Asociación de Escritores (directora turca). Directora Internacional del Festival Internacional de Poesía.

ARIF KHUDAIRI

Café negro

No hemos hablado mucho últimamente.
Ni nuestros ojos.
No nos agarramos de las manos.
Ahora no sonreímos.
¿Qué te gusta beber?
Voy a tomar café negro.
¿Cómo estás últimamente?
Mignon, mi perro, está un poco deprimido.
Nada es nuevo. Sólo los niños mueren de hambre.
¿Estás viendo a alguien?
Bebe, bebe. Tu café se enfría.
Este café está un poco frío ¿no crees?
Está lloviendo afuera.
El invierno no es mi favorito.
¿quieres más café?
No sé por qué pienso en Brasilia en este momento.
¿Hay algo nuevo en tu vida?
No he escrito mucha poesía en estos días.
No hemos hablado mucho últimamente.
Ni nuestros ojos.
Bebe tu café.
Bebe tu café.

Arif Khudairi. Egipto. Poeta, novelista y traductor. Escritor bilingüe. Traducido a veinte idiomas. Autor de diecinueve poemarios entre ellos: *Trees Leaves* (1998), *Rubaiyat of Arif Khudairi* (2004) y *Love Poems of Arf Khudairi* (2011). Ha publicado ensayos, reseñas, cuentos, historias cortas. Minerva Press, en Londres circuló su colección de novelas cortas *Tales form the Arabian Sahara* (1998) y *The Eights Voyage of Simbad* (1999).

DENISA KONDIĆ

Ella siempre está allí

Cada mañana, lista para saludarte está ella
Con sus oscuros y aromáticos brazos que levantan.
Cuando estás triste o solitaria
Su olor llena el aire,
Aplasta su calidez
la frialdad de estar lejos.
Con sus hilos desinteresados,
Ella comparte un momento contigo
Y te hechizan
sus sabrosos granos.
Ella escucha mis pensamientos
antes de que alcancen una voz
Me encanta reflejar mis ojos en su alma morena.
Antes que el día revele su coreografía
Ella me tiene suavemente-ella- la majestad del café.

Denisa Kondić. Serbia. Cuenta con 20 años de experiencia como traductora de inglés. Graduada de la Universidad de Novi Sad. En 2015 publicó una colección de poemas en 3 idiomas: serbio, inglés y gitano. Ha sido asociada a múltiples proyectos (libros, revistas, folletos y material web). Ampliamente publicada en colecciones internacionales junto a otros autores y ha participado en numerosos festivales internacionales de poesía.

EMEL KOŠAR

Mentiras sin sospecha

En la cafetera de cobre,
hay caminos alimentados con café
camellos sentados sobre fuego pausado
promesas como carnadas para pescar
años frescos que se deshacen del polvo
la línea de la fe está rota

Emel Košar. Eskişehir, Turquía. Poeta y traductora. Diplomado del departamento de letras y ciencias de la universidad de Mimar Sinan. Obtuvo una maestría en estudios de literatura turca de la universidad de Marmar con un doctorado. Trabaja en la facultad de letras de la misma universidad. Ha editado una colección de cuatro poemarios.

ELVIRA KUJOVIC

Podría ser el último café

Mahmoud Darwish bebía su café
bajo el bombardeo
bajo la lluvia del odio
pero la única cosa que todavía tenía
su placer y diversión,
era beber café
entre la ruina concreta
en la que vivía,
y el agua que lentamente comenzaba a hervir
el olor del café,
que le recordaba
la felicidad y los días
que nunca regresarían.
Nunca más
pero él siempre encontraba esos días
en su café.
Incluso quería que fuese
lo último que tuviese,
mientras las bombas
carne picada de él hacían.

Asesino de azúcar

Ya están hinchadas,
estas burbujas marrones de café,
ya se están apresurando de la jarra
hacia el mundo
y se arman,
con el olor impresionante de los cuentos de hadas,
para implantarse en el alma humana
vorazmente comiéndose el azúcar.

Poner el amor por encima del odio

No profanes
tu café de la mañana
con las palabras,
sacia la sed
de la adicción
con la clave
del olor del café,
voltea la taza al revés
mira en tu futuro,
mira en tu esperanza,
búrlate de la vida
búrlate del destino,
haz el amor y no odies.

Elvira Kujovic. Novi Pazar, Serbia. Reside en Alemania. Diplomada en literatura inglesa y Derecho. Publicaciones: *Ein Gedicht schreit auf aus meiner Brust* (2016) y *Love and Fear*. Ganadora de un premio de poesía en Italia. Sus poemas han sido traducidos al inglés e italiano.

ABHAY K. KUMAR

Una gota de Café

Mi lengua
rastrea una gota
de café escurriéndose
de tus labios

para disfrutar
tus granos
tostados por la sagrada
llama del tiempo

Mi nariz
acompaña el perfume
que emana de los volcanes
de tu cuerpo

Desciendo como Orfeo
a las profundidades oscuras
buscando a Eurídice
Me sumerjo en ti

Abhay K. Kumar. India. Poeta-diplomático en Brasil. Autor de ocho colecciones de poemas. www.abhayk.com

ELIZABETH LARA

Arábica

Las cafeteras trajeron
lo que necesitaban:
granos, brasero, molinillo, olla.
Pequeñas copas de astil fino.
Una mesa baja de arcilla encima de una moldura
donde el artesano del pueblo
ha separado agujas y estrías,
naciendo el acanto
de sus hábiles manos
En las esquinas una oración muda.

Las mujeres se sentaron en el patio,
vestidos florecen alrededor de ellas,
pañuelos llenos de
rojos y amarillos.

En Medio Oriente, el café es espeso
y lleno de historias, un polvo suave
burbujeado con azúcar al gusto - árabe,
griego, turco – son todos iguales, el nombre
es una cuestión de geografía

Beberás, sin drenar
tu taza, porque debes colocar
tu platillo encima
revertirlo suavemente
hasta que bajen los terruños mojados,
que luego tu amigo

examinará y te dirá:
viajarás a India
o tu esposo vendrá a casa,
y que la lluvia que percibe ella
te zarandeará hacia el sol.

Elizabeth Lara. Estados Unidos. Su obra aparece en revistas en línea e impresas: *The Mom Egg Review; Edna; Confluencia in the Valley: The First Five Years of Converging with Words; Truck; Ex Tempore; The Wide Shore: A Journal of Global Women's Poetry; and Nasty Women Poets: An Unapologetic Anthology of Subversive Verse.* En 2017 publicó un *chapbook* bilingüe titulado *Fire in the Mind / Fuego en la Mente.* Fue miembro del Hot Poets Collective (Nueva York, 2011-2012) y coeditó *Happiness: The Delight-Tree - An Anthology of Contemporary International Poetry* (2015 y 2017), obra de la Sociedad de Escritores SRC de las Naciones Unidas.

AMADO LASCAR

La tarde en que el hambre inventó el café.

Omar exiliado y hambriento en las montañas del Yemen, no tenía como bosquejar el alimento. Encontró tal vez por eso, un arbusto cubierto de arándanos colorados prosperando -sin aviso- para cualquiera. El exilio le escondió sus edificios, su posición de saludador, sus mundanas influencias. Y como *un hambriento piensa más que cien letrados*, Omar arrancó una fruta de este árbol ya en estallido cafetero y se la echó a la boca con una simple súplica - que en aquellos lados- nadie más que sus úlceras y los santos celestiales podrían atenderle. Puramente amargos estuvieron los sabores... castamente amargos… Reciamente en duda, se detuvo en un relámpago… y esa intensa luz intensa le regresa su cordura: de modo que las puso a evaporarse… y a fuego lento, para poner en jaque al invisible rey de los arbustos. Aunque quedaron más duras y prietas que varias piedras del país del lado... no dejó que el ánimo se le deshilachara; bueno, pensó Omar, el Sheik que no conocía la derrota, (aunque ciertamente exageraba en este tema) voy a darles otra chance a estos aljófares de mierda –lo dijo en arameo- colocando así las requemadas semillitas en un tiesto colmado de un hilillo mojado resbalándose en el monte... *para meterlas en cintura*, fue lo que el Sheik se murmuraba... Cuando hirvieron por un rato... el aroma fue el primero quién respondió al llamado... el sabor quién lo siguió... el fracaso del hambre fue el tercero... persistencia la que vino... y así una larga lista de virtudes... hasta la derrota oculta del cáncer por Gerson en Tijuana. Tiene sentido se dijo el Sheik... al sentarse ya calmado a mirar el sol cayendo detrás de las quebradas... para que *llueva café* hay que advertirlo antes que azote el huracán... Mientras desde abajo, se ven subir devotos caminantes, descalzos soldados de la alquimia.

Bailarina Topless

Al terminar
la función,
la bailarina
topless
destornilló
sus senos,
descorrió
el cierre
de sus piernas
se quitó
la peluca,
desabrochó
sus ojos
color espuma,
apagó
todas las luces;
y en un rincón,
nuevamente
se convirtió
en máquina
de café.

Amado Lascar. Santiago de Chile. Ha vivido en Santiago de Chile, Sídney, Australia, Eugene, Oregón y Atenas. En Ohio es profesor de literatura latinoamericana desde el 2002. Entre sus publicaciones sobresalen: *La misma lluvia por distintos cerros. Treinta años de poesía (1983-2013)*, *La Enorme Trompa del C–5* (2005), *Balneario* (1986), *Traspuerta* (1984) y *Penúltima década* (1983), entre otras.

MARIA HELENA LEAL LUCAS

Mundo del café

Homenaje a Veracruz

Por los Andes lo sembraban
Como penitencia
Nacía del pecado
Jesuitas coloniales
Lo lanzaban
Punta de lanza

Regalo de la tierra
Provoca sensaciones
Oleajes
Fantasía
Cuentos
Bebe el fanatismo

Maria Helena Leal Lucas. Brazil. Artista plástica y poeta. Pertenece al taller de poesía: Mtra. Dolores Castro en CDMX. Miembro fundador de ULaTE. Coautor de libros: *Casa de los Horizontes, Cosecharán Tempestades, El Desierto y La Fuente, Señal Debvida, Habitar La Ausencia,* Edit. Amanuense. *Mujeres Poetas De México, Hechiceras De La Palabra, Poesía Do Brasil.* Revistas: *Los Instantes del Ser, Lenguaraz, Libelula Nocturna.* Ha participado en lecturas en: México, Uruguay, Chile, Bolivia, Argentina y Brasil.

MARÍA LEGUIZAMÓN

Escena

la taza de café
    y apenas leche
        casi sin azúcar
           mi padre

Primer recuerdo

Conocí a mi padre
un mediodía

Nuestro punto de reunión
sería el café
entre los dos siempre
una mesa ajena

Miramos mis cuadernos
no recuerdo su cara, solo las tazas
como pausas
blancas
y el negro y único calor
pequeño cuerpo
del café

María Leguizamón. Buenos Aires, Argentina. Editora y escritora de cine. Se graduó en Birckbeck College (London University) en documentar cine. Entre otros produjo la película *The Kiss* by Ger Thijs, festivales en Thailand y Buenos Aires. Enseño en Padang, West Sumatra, Indonesia. Autora de: *Portrait of the invisible man, a film editors choir* (2017). Ha sido publicada en antologías y revistas literarias y de cine.

TONIA LEÓN

Segundo Café

Seamos la segunda taza del café
el uno para la otra
la que tomamos con puro gusto
sin la urgencia de la primera

con la segunda vagamos juntitos
por tierras sensuales
de azahares y cerezos

mejor aun
en este sueño madriguera
seamos el uno para la otra
toda la cafetera
la urgencia la delicia y la dulce amargura

Tonia León. New York, EE. UU. Ha publicado poemas, prosa y traducciones en inglés y en español en revistas y periódicos de los EEUU, México, Colombia y el Japón. Sus poemas cantan los murmullos de los árboles, las piedras, los insectos, las hojas secas; gritan frente a la brecha que se abre entre los ideales y las acciones humanas. Otros de sus poemas son sobre inquisiciones sociales, políticos o diálogos con la ciudad de Nueva York. *Slow-Cooked Poetry/Poesía a Fuego Lento* es su segundo poemario bilingüe; su primero, *My Beloved Chaos* (2013).

ELIZABETH LEYVA RIVERA

Aromático café

Aromático café
que en un duelo eres capaz
de acompañar con gran fe
a quien descansa ya en paz.

Al velar a nuestro muerto
seguro no va a faltar
un olorcito que es cierto
inundara hasta el altar.

El café siempre va a ser
de tradición sin igual
y es también al parecer
quien se queda hasta el final.

Se produce en Veracruz
también Tabasco y Guerrero,
el café y la santa cruz
de un velorio es lo primero,

Aromático café
en el placer y el dolor
te beben con rezo y fe
eres aroma y sabor

Elizabeth Leyva Rivera. México. Entre sus premios Accésit, primero y segundo lugar en la Feria de la Plata en Taxco. Primer lugar Juegos Florales Estatales del Cincuentenario Playas de Tijuana, Ganadora de trova en Curitiba, Balneário Camboriú, Nova Friburgo, y Mérida, Venezuela. Editora de la Antología Poesía Iberoamericana del Siglo XXI, cinco tomos presentados en Los Ángeles, Ulaanbaatar, Chennai, Acapulco y Budapest, distinguida en Colombia con el "Premio Ave Viajera", Organizadora de los Encuentros nacionales e Internacionales de SIPEA Tijuana. Directora de la "Institución Cultural Manuel Leyva", Fundadora y Directora del Congreso Universal de Poesía Hispanoamericana "CUPHI I, II, III" celebrados en Tijuana, B.C., Concepción Chile, Los Ángeles Ca, Córdoba Argentina y Guayaquil Ecuador.

MANUEL S. LEYVA MARTÍNEZ

Canto a Atoyac

Atoyac, ciudad risueña
en mi párvula garganta
vibra la voz que te canta
con filial alma costeña.

Es el amor que ya sueña
robarte en Semana Santa,
porque soñando le encanta
tu aroma de flor trigueña.

Tierra de hembra y de guitarra
que ensayas en la bizarra
chilena, ritmos de amor...

Patria del café exquisito
busco tu beso bendito
de inigualable sabor.

La esencia de tu paisaje
es filigrana en poema
y el inolvidable tema
de mi lírico mensaje.
Como el mar, que en el oleaje
sobre el río se hace lema
y en caricia azul se quema
por rendirte vasallaje.

Así intento y en secreto
visto el verso de cafeto
para poderte cantar...

Y en la caricia costeña
mi alma, es palma que sueña
porque te pudo besar...

Soy canto y ave viajera
que está regresando al nido,
al paraíso escondido
de fecunda primavera.

Rincón de café y palmera
te confieso conmovido,
que soy trino amanecido
en tu risa mañanera.

Que los hombres de tu tierra
—conjunción de mar y sierra—
te canten siempre con fe.

Yo canté porque en el pico
llevo tu nombre, y el rico
aroma de tu café...

una taza de café

el día no es día, sin una taza del negrito, me decía a los ojos, el
veterano combatiente en la comunidad de rancho grande (meseta
central de las montañas de matagalpa). y yo, recién llegado, le
respondía con mi silencio fogoso, en agosto del 79.

los días trepaban impetuosos las colinas, asaltaban los caminos,
escuchaban las sedientas aguas, mientras, en la cocina, la jarra del
café esperaba impaciente, nervioso, el parte de lo acontecido por
la paz entre la guerra.

el café partía cualquier lamento con la fuerza del río y las canciones del pájaro solitario; escupía por nosotros, el miedo, desde todos los frentes del esplendor, bajo la tenaz calamidad de la rutina y el cansancio.

el frío se enrollaba a la sombra de sus hervores. el café también poseía sus cábalas y tentaciones. inquieto, se apresuraba para abrir el cielo de todas las voces del silencio. el café distribuía sus brazos a los rincones más limpios de la mirada del hombre nuevo.

el café, en un halo de luz, confesaba su esperanza. el tiempo de la fe, rebasaba las plazas públicas.

que nunca muera el café
a payo castro

I

jimmy hendrix, (imparable insurgente) es el primero en alzar su voz de músico, abraza su guitarra árbol, en el momento que su mujer y su madre gozan del espléndido café mañanero.

II

el poeta tomás segovia amarrado a su mesa rincón escribe: soy libro,
con una hermosa taza de café que sabe a demonio conquistador y a rocío de mujer al desnudar su boca.

III

ana ilse gómez, desde su amado monimbó prueba el mejor café de su poesía. está radiante, está muy bella.

mi madre, con la serenidad de sus manos, me abraza y con una taza de café me asombra de infancia...

Manuel S. Leyva Martínez. México. Licenciado en Ciencias Políticas y Sociales (UNAM). Diplomado en Literatura, Poesía Clásica y Moderna. Su poema "COSTEÑA" (1954) fue el inicio de 38 Flores de Oro en la República Mexicana y de 7 premios internacionales en Europa, América Latina y Asia, recibió el máximo premio en Ulaanbaatar, Mongolia-2006, la "Corona de Oro de Laurel" por la World Academy of Arts and Culture. La UNESCO lo nombró poeta laureado universal. Gobiernos e instituciones han reunido su obra en libros y la antología *Sendero intemporal*. En la XXIV Feria Internacional del Libro de Tijuana, B.C., (2006) fue homenajeado por el Instituto Municipal de Arte y Cultura. Durante el XXVIII Congreso Mundial de Poetas de la W.A.A.C. fue declarado "Hijo Predilecto de Acapulco". En 2009 recibió reconocimiento del Ayuntamiento de Tijuana, por su premio "Pluma de Oro", Tenerife de Islas Canarias, España. Es maestro y asesor Vitalicio de SIPEA y en el 2009 creó la Fundación Manuel S. Leyva.

GINA E. LÓPEZ

I

Eres esencia de rutina que traspasa los linderos,
en las agendas se planean los horarios, los quehaceres;
en los relojes el tiempo inexorable se dilata.

Un verdadero mosaico de invierno
abrigos, guantes, botas, jackets,
acompañan la velocidad de la estación en este lugar.
Miro afuera y la vitrina encandilada por luces navideñas
contrasta con la soledad incrustada en mis huesos.

Siempre vuelvo a ti, al aroma, al paladar;
a sentir, la estación sabor a café en Starbucks.

II

Te necesito
para que los espacios abandonados sean
remplazados por las palabras.

Para que la historia de mi silencio se convierta en grito.

Para que mis recuerdos comulguen con otros oídos.

Te necesito aquí, café, cómplice de mi locura
y mi desvelo.

Gina E. López. Ecuador. Poeta, traductora y docente académica. Licenciada en comunicación por la Universidad de Sao Paulo, Brasil. Realizó su maestría en literatura hispanoamericana en la Universidad de St. John's, en Nueva York. Es miembro fundador de la revista bilingüe de poesía *Entre rascacielos*. Su poesía ha sido presentada en el Instituto Cervantes (2005); así como en los festivales Poetas en Nueva York (2008), Manta Ciudad de Letras (2014), Paralelo 0 (2016) y el Recital en Santo Domingo Shariras (2017). Su poemario *Desnuda Ánima* (2015) fue publicado en Quito.

LETICIA LUNA

Donde recuerda el café de su abuela

El café de la abuela se derrama
en vaporosa taza junto al pan,
olores y nostalgias viajarán
en el sueño, que de la noche es llama.

Gozamos del sabor que nos inflama
como viejas historias desde el clan,
calor y frío en humo flotarán
para decirnos: o amor… o amé… o ama.

El lenguaje del Sol junto a la baya
se posa en mis sentidos deleitable,
oscuro líquido que nunca acalla

su infinito sabor conmensurable.
Lo bebí, lo bebo y me avasalla,
convertido en idioma indescifrable.

Leticia Luna. Ciudad de México. Poeta y editora. Ha publicado los libros de poesía: *Hora lunar* (1999), *Desde el oasis* (2000), *El amante y la espiga* (2005), *Los días heridos* (2007), Premio Internacional Caza de Poesía "Moradalsur", Los Ángeles, California, 2008), *Wounded days and other poems* (2010), *Espiral de Agua* (español-portugués, 2013), *Fuego Azul. Poemas 1999-2014* (2014) y *Triángulo de Fuego* (2017). Obtuvo el Campeonato de Poesía Adversario en el Cuadrilátero, 2008. Realizó la Residencia Artística Letras-Poesía, Granada, España, Fonca-Conacyt, 2013. Su obra ha sido traducida al inglés, portugués, catalán y polaco. Ha compilado las antologías: *Trilogía Poética de las Mujeres en Hispanoamérica. Pícaras, místicas y rebeldes* (2004), *Cinco siglos de poesía femenina en México* (2011), *21 Poetas por la Paz* (2016) y *Poetas latinoamericanos por la paz* (2017). Dirige el *Grupo Fuego Azul* (Poesía, Música y Danza). Es miembro del Consejo de asesores del Festival Internacional de Poesía Ramón López Velarde, Universidad Autónoma de Zacatecas.

IRMA A. MALDONADO VILLALOBOS

I

Vestido de San Pedrito
verde uva
roja uva
grano oscuro
como semilla
de una pena escondida
grano molido
que a golpe de
fuego
fervor
y agua
te haces
líquido gozoso
para ahuyentar
sueños opacos
llevas el sol en tu esencia
don de la tierra labrada
que le devuelve en cada fruto
a las manos que le abrieron el vientre
el oro policromo
amanecido de rocío.

II

Me unge con su aroma oscuro
sustancia ansiada y amarga
que besa la casa en sombras
y en el hueco de la taza
se hace líquida la noche
en mi desvelo encallada
velos de estremecimientos
cubren las rutas del alma
que corre en la oscuridad
distancias no sosegadas
torbellino de sabor
se arroja por la garganta
del sueño, como un tintero
para alimentar palabras
sangre oscura que despierta
versos en la madrugada
un canto de rosas negras
que al amanecer son blancas.

Irma Antonia Maldonado Villalobos. Manatí, Puerto Rico. Ha publicado seis poemarios: *Incontenible* (1988), *Fuga de sombras* (1991), *Ciénagas y rosales* (2010), *Verso jíbaro* (2011), *Cantares de los caminos* (2014) y *Para no emprender el vuelo* (2017).

BRENDA MARTÍNEZ SARAVIA

Mi amor es café

Es la hora del destello
y
quiero comerte a versos
quitar la túnica que te envuelve
desarmar tus zonas
grano de café.

Beberte, saborear
el reencuentro con mis labios
desnudar tu espuma
abrazar tu fiebre
taza de café.

Embadurnar mi cuerpo
mordido por el sol
con lenta impaciencia
y gracia de ave
pulpa de café.

Caminar por la virginidad
de tu piel verde
mojarme toda
bordar tu historia
hoja de café.

Hoy, mi café se desliza
por el tejado insomne
de mis recuerdos derretidos
a punta de dolor.

Brenda Martínez Saravia. Managua, Nicaragua. Poemario *Desnuda*. Es una de las fundadoras del Instituto nicaragüense de cine (INCINE). Coordinadora de protocolo del IV Festival Internacional de Poesía de Managua. Su obra forma parte de la antología digital de Fernando Sabido Sánchez, *1000 escritores por Palestina*. Miembro activo del Centro Nicaragüense de Escritores (CNE). Socia y miembro activo del Instituto nicaragüense de cultura hispánica (INCH). Presidente de la Fundación Poetas en Órbita.

ELÍAS MEJÍA

Café

Decir café es desayunar en cualquier parte del mundo.
Con un *croissant*
con un huevo cuatro minutos
con un pan
con un pomelo
con un jugo de naranja
con una judía norteamericana de ojos verdes
con una francesa en un bar de nombre italiano;
en un avión, en un barco, en un bus *pullman*
en una playa, en una chabola,
en el llano, en la casa, en el hotel.

Decir café es encender el otro cigarrillo
empezar el próximo párrafo
desterrar el último suspiro
calentar la madrugada
conducir sin parar veinte horas y pico;
es un ceño adusto que te piensa
es una visita en la cocina de los intelectuales.

Un café frío calmó mi sed en la tarde soleada.
Un café caliente quemó mi lengua en el páramo.
Lo último que bebí en Europa
antes de partir para siempre fue un café.
Cuando pedí un tinto en España
me trajeron un vino
cuando pedí un perico en Bogotá
me trajeron un café con leche
un café *au lait*
un cortado.

Un café irlandés bebí en la calle Velásquez.
Beben café frío en la montaña
sus cultivadores
beben café para despertar
beben café en el *tajo*
beben café antes de acostarse.
Tomé un tinto en el café
atendido por las coperas.

Tráeme un café bien cargado
tráeme un café bien clarito
tráeme un café en agua de panela
tráeme un café cocido con leña
Tráeme un café moka
tráeme un café que no sea pasilla
tráeme un café liofilizado.
¡Marchando un descafeinado!
¡Marchando un carajillo!
Los catadores de café
los que beben el café sin azúcar
los que lo beben con *sucaryl*
los que prefieren el té...
porque no les gusta el café.

¡Cómo está de aromado el café!
¡La plaza entera respira el aroma del café!

Los productores del café
los cogedores del café
los desyerbadores del café
los fumigadores del café
los arrumadores los acarreadores los camioneros
los inspectores los ayudantes los fieles
los compradores los especuladores
los contrabandistas
los que pasan la palada

los que dejaron cardenillar el café
los que dejaron reposar el café
los que dejaron vinagrar el café
los que trajeron demasiado seco el café
los que creen que esto es muy fácil
los que creen que esto es muy difícil
los que han sido secuestrados
los que fueron envidiados y asesinados
los que son embaucados
los minifundistas tímidos
los atrevidos latifundistas
los aparceros los contratistas
las familias numerosas
los anémicos los desdentados
los desprotegidos

los que odian el café
los que sólo saben cultivar café
los que mal cultivan el café
los que talan el árbol
los del *glifosato*

los que roban un camión cargado con café
los que viven en deuda
los del provecho burocrático
los carentes de escrúpulos
los que encuentran a los ladrones de café.
Los otros,
los que no pondré en esta lista.

El café de la decisión
el café de los puntos suspensivos
el del vagabundo
el del trotamundos
el del pensativo
el del ensueño

el que nos quita el sueño.

Con este café amargo mi boca por la mañana.

La trilladora el molino la greca
el pedernal para el café
la porcelana para el café
la taza para el café
la gacha para el café
las cucharillas de plata para el café
El *Armagnac* para el *pousse-café*
el *Marie Brisard*
el *Cointreau*
el *Cognac* para después del café.

El café signo gramatical
labrando las frases
de mi narración cotidiana.

El café de la velación;
el café del muerto más querido.

Te cultivamos aletazo de ángel
aletazo de vampiro
aletazo de fuego entre acero.

El café de la cafeína:
el café del *doping*.

Te cultivamos
para no quedarnos dormidos.

Elías Mejía. Calarcá, Quindío, Colombia. Poeta y caficultor; reconocido en la región como uno de sus poetas más importantes y también como traductor de poesía griega contemporánea a partir de versiones francesas. Obra editada propia: *Confesión de navegante y Conversaciones con el pez*. Traducciones: *El muro en el espejo e Ismenia,* de Yannis Ritsos*; Fragmenta o la vegetación de los minerales,* de Takis Varvitsiotis.

DANIEL MONTOLY

Café y canela

Ella desnudó su humildad
confusa entre las mariposas de neón,
sus ojos: Dos trozos de mineral,
se constriñeron hasta verter
una gota de sake salado...
Tan ebria de melancolía
como su historia narrada con sangre
de pulpo y bambú
sobre la limpidez de las páginas calizas.
Recuerdo cuando vino hasta mí
en la gruta del café:
Su sombra de geisha resplandecía
como el estertor lumínico de un cuarzo,
y cada palabra suya
fue un crisantemo de nácar
prendido sobre la solapa de mí ser.
Esa noche, le noté una extraña presura
a flor de párpados azulados.
Se desprendían escarchas de sus miradas
que se hicieron versos móviles
en la proximidad de mis manos.
Nos hicimos café y canela, puerta y bisagras
que rodarían más tarde por la cama
con la luna expiándonos
tras las falsas cortinas del destino.
Esa noche ella danzó como un kami.
Sus vuelos mágicos hechizaron
la perversión de mis ojos, por desvelar
la raíz de su sombra. Ante mi torpeza,
se quedó sola en su cajita de música

Giraba y giraba... El silencio le daba
cuerdas a su vida con odio...

Daniel Montoly. Montecristi, República Dominicana. Poeta y traductor. Libros de poesía: *La Ritualidad del Círculo* (2008), *Tránsito del Agua* (2008) y *Papeles Robados al Más Allá* (2014). Su poesía aparece traducida al inglés, alemán, portugués, catalán y al rumano. Colabora activamente con publicaciones literarias latinoamericanas y europeas, y dirige el blog literario: El Wong Side dedicado a la promoción y difusión de la poesía hispanoamericana.

MATEO MORRISON

El café que desplaza

a Iluminada

Las sábanas prestadas
no cubrían plenamente tus formas.
El amor se aceleraba
hacia los bordes del éxtasis.
Acecé a tu pozuelo
Y saboreé tus aguas.

Dijiste con los ojos
que había terminado la escena.
Me negué a entender tus signos,
resbaladizo alcancé tu otra mitad
y volví a develar tus telas.

Volvimos al juego de las anatomías.
Dormimos.
El canto del gallo me reingreso
a tus suaves melodías corporales.
Al despertar estaba solo
un aroma desde la cocina rural
penetraba en mí.

El café hirviente iba desplazando
los escombros de la noche.
Seguía recostado en la habitación.
Me imaginé como servías el café,
a tu estilo las tazas vibraban con los diálogos
y murmullos llegaban borrosos
hacia mí.

El café invadía hasta los poros
mientras tus labios
se llenaban de olores
desplazando la embriaguez difusa
de la noche que moría.

[Canoa 1985]

Mateo Morrison. Santo Domingo, República Dominicana. En la historia de la literatura dominicana corresponde a la generación literaria de posguerra. Ha participado en un sinnúmero de conferencias, recitales, encuentros internacionales de cultura y poesía. Recibió en el 2010 el premio Nacional de Literatura, la más alta distinción que se otorga en vida a un escritor dominicano. Ha publicado más de 30 obras correspondientes a diversos géneros literarios, principalmente de poesía. Entre ellos; *Aniversario del dolor, Visiones del transeúnte, si la casa se llena de sombras, Nocturnidad del viento, Dorothy Dandridge, Espasmos en la noche, Tempestad del Silencio, Pasajero del Aire, El abrazo de las sombras y Terreno de Eros.*

AYTEN MUTLU

Tomar una taza de café conmigo

Por favor toma asiento, bebe café conmigo
Puedes venir más tarde
Puedes tomar lo que hemos vivido juntos
Ahora por favor toma un descanso, para tomar una taza de café

Deja que en la taza permanezcan huellas de tus manos
Haz que tus ojos, los labios, así como los años no desgastados
que tuvimos juntos dejen que las canciones sigan siendo huellas

Por favor toma una taza de café
por última vez conmigo
Entonces te podrás ir
como si nunca hubieses venido

Ayten Mutlu. Bandirma, Turkia. Poeta, traductora. Tiene en su haber 15 poemarios. Laureada con el premio de literatura Ibrahim Yildizoglu. El Premio Internacional de los poetas de Yalova y el Premio Sunullah Arisoy.
Graduada de la facultad de negocios de la Universidad de Istanbul. Activista política y parte del movimiento del derecho de las mujeres. Ha publicado poesía. prosa, historias cortas y ensayos de crítica literaria.

DON NAVARRO SOLANO

Vorágine

Todos los vientos convergen en la angustia
el vuelo fugitivo de Carmen Lyra
el grito libertador de Presbere
la Virgen aborigen de la puebla de los pardos,
lo amargo, lo dulce que yergue esta patria desolada
lo sangran las plantas de café
trapiche devorado por las langostas de la nostalgia
sueño aún dormido, aún acurrucado
en la tierra ideada por Mora,
¿Adónde se anida la paz en esta vorágine?
ahora de pie frente al mundo
toda la historia resuena
en el abandono de las reservas indígenas
pero esta tierra vierte su néctar, aun respira
y mi bandera ondea sin ejército
en medio de armas nucleares
tal vez, aún no ha llegado la hora de mi patria
para escribir su propia versión de la historia.

Don Navarro. Cartago, Costa Rica. En julio de 2014 publicó su poemario *Almas Gemelas.* En 2016 se incorporó al grupo de poesía Los Hijos de Caín, donde participa activamente como gestor cultural.

JUAN NAVIDAD

Café con letras

Nuestros primeros recuerdos
nos llevan a la mesa de la cocina
cuando los niños tomábamos
el cacao con pan "migado"
y los mayores se hacían
un café con leche.

Luego vendrían años
de camarero preparando
miles de cafés solos,
cortados, con leche,
con copa y puro,
azúcar o sacarina
o los traidores descafeinados.

La cantidad de personas
que hemos conocido o amado
frente a una de esas tazas,
la cantidad de tertulias,
de victorias ya olvidadas
y de lamentables fracasos...

Cuántas noches de estudio
alargadas hasta el infinito,
aquellas tertulias en casa
de Verónica, escuchando
El Bolero de Ravel,
haciendo tiempo con poemas
hasta que llegara el ave
anunciador del nuevo día.
Aquel café con el padre

de quien fuera tu pareja
que te dice que estaba equivocado
y te tiene afecto -demasiado tarde-
o el café amargo cuando la chica
te prefiere conservar
pero como amigo
y se rompe la amistad
porque será la vida
un café cortado
en vez del soñado
café irlandés o escocés
que pensabas paladear.

La vida en una cafetera
echando humo, salpicando,
molestado tantas veces,
aquel programa de radio,
Café con letras,
el carajillo que te cura
cuando respirar
se hace imposible
el cacillo al fuego en el monte
con mi padre, que le ponía
las cucharadas mágicas
que convertían el agua en oro
y la noche se llenaba de recuerdos.

Mi madre, ya mayor,
empezando el día nuevo
como siempre, con achicoria,
como si nunca
se hubiera roto dos caderas,
la cabeza, el espinazo trabajando,
la pleura, la vida, el alma,
el útero, la familia
menos numerosa cada vez.

La vida, en definitiva
se puede resumir en
pocas cosas, esenciales
como los poemas
pueden reducirse a 28 piezas,
como los elementos químicos
que nos hacen seres inmutables,
cambiantes, propensos al delirio
tantas veces
como a sueños inabarcables.

Juan Navidad. País Vasco, España. Especialista en gestión de contenidos, pionero en usabilidad, posicionamiento en buscadores, animación lectora, motivación y dinamización creativa, innovación educativa, cultural. Autor de: *Anónimo* (1991), *Una pareja de tapas duras* (1999), *Poesía para buscadores* (2013), *Think About It* (2011), traducido al italiano (2011) y en *Frases para no dejar de pensar en el metro* (2008), *Frases para crecer en positivo* (2014), *¿Para qué sirve un libro?* (2014). Ha participado en revistas y antologías. Creó la *Revista Cálamo* (1991-1994), la Asociación de Escritores Primera Obra (1997), el grupo entrecomillas (1998), Libelo (1999), Costa Literaria, ahora editorial en 2003 Fábrica de Leyendas. Ha desarrollado más de 50 eventos en NY.

O

DANIEL OLIVARES VINIEGRA

Auto de (k)f(é)

Café de despertares
por cada mañana y
(por ello mismo)
necesariamente
desde siempre…
que desde la cuna se absorbe integral en su aroma
si no es que ya literal se paladea desde la imberbe y cándida boca,
roja y maternal cereza que cósmicamente conecta
con el tan doméstico y amargo dulzor…
espectro-abismo de excitación infinita
que cual sangre nuestra por lo menos remonta(se)
serrana y selvática muy más allá de inexplorados orígenes
pendientes vírgenes, remotas laderas
adsorbiendo siempre entre febril humedad.

Café de hervores, café de amores,
café de sabores, de acideces, de picores;
espesuras, mesuras, mixturas, y demás agregados morenos
rigores…
Café de aromas, nombres y estirpes exóticas,
café de todos los tipos y hasta de las tipas,
café de sueños y ¿por qué no? de insomnios;
café también de la aventura o del plácidamente acampar.
Café de chistes o incluso sin chiste
y café también fiel escudero del dolor.

Café como ciertos ojos de ternura infinita
que envolventes también al tiempo que silentes

hasta el alma resecan, tuestan y penetran
o a perpetuidad tras líquidas vaporaciones
devotos cual exvotos requiebros miles acompañarán.

Café con leche, dulce, de antes de la escuela
y más azucarado aún el de la filial merienda…
Café sin aditamentos (años después) para acabar de madurar
                                        abiertos gustos
por las más diversas o álgidas purezas
lo que es decir degustar pleno e infinito
el oxímoron que implican las rudezas de la vida.

Café derramado en el poema; café de luz, de luces,
de letras inacabables-disfrutables…
Café de la imaginación, café de todos y cual gozoso Café de
                                        Nadie…
de música también omnipresente a más de sempiterno antes,
                                        durante y después
de entre otros humos el del fuliginoso cinematógrafo,
amén de otros infinitos descarríos cíclicos e irrenunciables
de esos que nunca en su disfrute extinguirán.

Café democrático, de masas, de discusión y hasta de interdicto
si no es que por interpósita persona.
Café con pan al menos (como si no fuera ya de por sí
                                        pecaminoso postre)
sendero, principio y final de todo este vivencial jardín de las
                                        delicias;
café aroma de nostalgia o de añoranza
y de otro o cualesquier suculento-truculento acontecer.

Café por la tibieza necesaria
o la calmada lujuria que ya pausadamente se recuerda
a más de por el asertivo guillermotéllico y robinhoodesco
                                        ejecutar.

Café porque -aunque el hubiera no existe-
otro ocaso o amanecer calmadamente por aspirar
seguramente en cualquier sitio aún habrá…
Café de paz en la tierra;
café de fe en la vida y de entereza
promesa fiel de esperanzas líquidas,
vaporosas o sólidas,
diluidas por entre otras mil y una noches o estimulantes horas
las que tendremos todavía por sumar, restar,
o deleitosamente multiplicar/fructificar.

Daniel Olivares Viniegra. México. Normalista y universitario. Docente, investigador y difusor de la cultura. Poeta, narrador y crítico literario. Colabora en diversas revistas formales y virtuales. Ha publicado, entre otros, los libros *Poeta en flor...* (1988), *Sartal del tiempo* (1991), *Arenas* (1996), *Atar(de)sol* (2016) y *Antiparras: antipoemas para lectores sin prejuicios* (2017). Aparece en las antologías *Del silencio hacia la luz: Mapa Poético de México* (2008), *Homenaje a Ignacio Rodríguez Galván* (2016), *XX Encuentro Internacional de Poetas de Zamora* (2016), *La Isla de los Poetas: 25 años del Premio Navachiste* (2017) *La medusa dual: antología bilingüe portugués español,* (2017), *Kaguamasutra* (2017) y *Poetas por la paz* (2017). Asimismo, en páginas electrónicas como *43 poetas por Ayotzinapa, Círculo de Poesía, Movimiento Poetas del Mundo,* y *Poetas Siglo XXI: Antología de la Poesía Mundial.* Premio Interamericano de Poesía, Navachiste 1995. Pertenece al consejo editorial de las revistas electrónicas *El Comité 1973* y *La Piraña.* Es además coeditor del proyecto Humo Sólido.

JUAN CARLOS OLIVAS

Del tiempo que circula en una taza de café

Me gusta darte un beso cuando tomás café.
Levantarte como a ciertas tazas olorosas
y en un mínimo rigor, llevarte hasta mis labios.
Mirar mi rostro en ese espejo líquido y oscuro
donde en su fondo se puede adivinar
el curso de los días, o las canciones
de quienes vuelven a correr por el campo
y se abalanzan entre los cafetales del mundo,
tan sólo para que volvás a sorber este trago
en el que estás besándome.

De todas las formas posibles en las que sos etérea
es en el grano de oro en el que bajás a la tierra
y así, sobre eso que das, van construyendo puentes,
ciudades, barcos, monedas que ha acuñado el tiempo
como coronas de flores o cenizas;
te han vuelto plácida, y te pasean por los altos salones.
Comercian tu sabor allende el mar, en otras lenguas,
en otras pieles curtidas por la calma o la desesperación.

Te dan a manos más frías que las mías,
te sirven por igual en el velorio o en el prostíbulo,
en las escuelas, en los parques, en una cárcel
donde sabés a rabia, a sal, a coito,
en los aeropuertos donde tu sola espuma
es algo parecido a la esperanza.

Y así te fuiste encendiendo en cada cual,
semejante a una religión; hubo hasta quien mató por vos
y no lo recordaron, muy pocos son los monumentos
para aquellos que te fueron sembrando, tropical evangelio,

en la vasta Brasil, en Colombia, en Costa Rica,
hasta casi olvidar tu sangre arábica.

Te repartiste, como un don, en todas las presentes lejanías,
y hoy sos ese fantasma que aúlla en las venas de mis hijos,
nos esperás, sedienta, en las mañanas
y a veces sos una joven novia pletórica de albricias
y otras veces te colás en las tardes de calor o de lluvia
donde te ponés vieja y pensativa de repente.

Yo no hago más que acunarte en mis heridas cuando todo calla,
y cansada retornás a mí, después de haber contado los sueños del
mundo,
y te volvés pequeña,
como ese Dios que elige la humildad
y habita ahora en esta taza de café,
para entibiar mis días y mis manos.

Juan Carlos Olivas. Turrialba, Costa Rica. Estudió Enseñanza del Inglés en la Universidad de Costa Rica (UCR). Se desempeña como docente. Ha publicado los poemarios *La Sed que nos Llama* (EUNED; 2009); *Bitácora de los hechos consumados* (EUNED; 2011) por el cual obtuvo el Premio Nacional Aquileo J. Echeverría de poesía 2011 y el Premio Academia Costarricense de la Lengua 2012; *Mientras arden las cumbres* (Editorial Universidad Nacional; 2012), libro que le valió al autor el Premio de Poesía UNA-Palabra 2011, *El señor Pound* (Editorial Universidad Estatal a Distancia, 2015; Instituto Nicaragüense de Cultura, Nicaragua, 2015) acreedor del Premio Internacional de Poesía Rubén Darío 2013, *Los seres desterrados* (Uruk Editores; 2014), *Autorretrato de un hombre invisible (Antología Personal)* (Editorial EquiZZero, El Salvador; 2015), *El Manuscrito* (Editorial Costa Rica; 2016) Premio de Poesía Eunice Odio 2016, *En honor del delirio* (El Ángel Editor; 2017) Premio Internacional de Poesía Paralelo Cero 2017 en Ecuador, *La Hija del Agua* (Amargord Ediciones; Madrid, 2018) y *El año de la necesidad* (Ediciones Diputación de Salamanca; Salamanca, 2018) Premio Internacional de Poesía Pilar Fernández Labrador 2018.

DEILÚ ELIZABETH OLIVEROS SOTO

Los cerezos del café

Recogiendo los cerezos amanece la mañana,
entre siluetas dormidas tejidas a sol de piel,
y risueña se acicala en la sonrisa del viento
con aromas prodigiosos de una caricia de café.

Lleva en sus cestas la noche, revestidas de recuerdos
despertando melodías en los racimos de miel
y la noche misteriosa se cobija en su mirada
deshojando en sus mejillas el rubor de los cerezos.

Más las flores en su vuelo dan serenata a la noche,
con misteriosos aromas de suspiros en botón
y se esconden caprichosos en los verdes cafetales
hilvanando dulces versos de terciopelos en flor.

Los cerezos del café quieren bailar en mis manos
y entre la tierra bendita sentir latidos de sol,
deshojando   sus aromas junto a las alas del viento
en sutiles melodías que nacen del corazón.

Los pétalos de cerezos son las caricias de un verso
que se embriagan con la noche en un bálsamo de miel
y una fragancia de seda acicala la   mañana
en el suspiro bendito de una taza de café.

Caricia morena

Hoy se cosechan las bayas en los verdes cafetales
revestidas de rocío y acariciadas en flor,
acomodando en los cestos los cerezos bendecidos
tejen sus sueños de luna y suspiros en botón.

Las matas lucen aromas de embriagante sensatez
que pintan sus embelesos en aromas de café,
y entre los tiestos de arcilla nacen bálsamos benditos
cobijándose en la noche en suspiros del vergel.

Entre alforjas y canastos van danzando los cerezos
para acicalar aromas de una esencia en esplendor,
destilado por las manos de una indígena cautiva
que se esconde entre la noche, entre pétalos de amor.

Y un crepúsculo divino va recogiendo en su vuelo
aquel misterio bendito de terciopelos en flor
que se esconden misteriosos en el suspiro de la noche,
en la caricia morena, de un café y de un cantor.

Deilú Elizabeth Oliveros Soto. Cajamarca, Perú. Poeta, promotora cultural. Ha publicado *Ensueños y poesías* (2012). Su obra ha sido recopilad en antologías nacionales e internacionales; actualmente es de Directora de Relaciones Exteriores de APLIJ-Cajamarca (Asociación peruana de Literatura Infantil y Juvenil). Ha recibido una mención honrosa en el XX Concurso Nacional de Educación Horacio, un diploma de honor por su producción intelectual al servicio de la región y del país otorgada por la UGEL- Bambamarca y la casa del poeta peruano sede Bambamarca en el (2012), y un reconocimiento por la participación como Artista y Difusora del Arte y por su destacada labor literaria en beneficio de la Región Cajamarca en el I Festival de Poesía Cajamarquina para el Perú.

JAIME PACHAS

Te trajeron de importación,
y yo salí buscando un porvenir.
Me despedí de los míos
te agarré en mi mano.

Cruzamos el océano,
tú, en un tarro de lata
y yo, en un ave de acero bajo
la afable mirada
de una azafata.

Lloramos juntos
aquella separación,
te revelé mis temores
al tomar un nuevo rumbo.

Tú que conoces el mundo
me diste me aconsejaste:
"los amores se extrañan
cuando uno se va lejos".

Vivías a mil metros
de altura sobre el nivel
del mar, ahora vives en
residencias, tiendas y
lugares exclusivos.

Caminas con universitarios,
también con obreros.
Vas en limosina o en bus.

Te vi en una esquina
te ocultabas del aguacero.

Mi hogar era un paisaje
donde los árboles
abrazados recibían
las estaciones.
La laguna
no se movía
el río se marchaba sin
regresar.

En estos instantes
comparto con unos
extraños un cuarto.
Ellos también te
confían sus penas.

Un día te vi en
una tienda de Starbucks,
el mejor café peruano
procedente de Chanchamayo.
Tenías un alto valor
y yo no poseía ni un dólar.
Tuve que tragarme
con mi saliva tu sabor.
Me alejé mirándote de soslayo.

¿Recuerdas cuando
me quedé sin empleo
y pernocté en un parque?
Tú me mantenías tibio.
Acá el frío duele,
te encontró la madrugada,
consuele y consuele.

En una taza de café
está la sonrisa de mis
raíces,
ahora vivimos en diferentes
países y hablamos otros
idiomas.
Jamás perderemos
de la tierra nuestro
aroma.

Antes de salir
a un escenario en Nueva York
a declamar poesías,
voy a sacar de mis entrañas
el sabor de tu esencia.
Le hablaré al mundo
de las bondades
de tu semilla.

Jaime Luis Pachas. Chincha, Perú. Poeta. Reside en EEUU. Ha sido publicado en antologías en México y Uruguay. Ha publicado el poemario *La cuna de mis versos* (2017). Ha grabado poemas para diferentes emisoras de radio. Participa en un segmento en el programa 'El mágico mundo de los libros de Radio Sion' transmitido desde Manhattan. Ha participado en ferias y festivales literarios en Nueva Jersey y Nueva York.

RAFAEL ANTONIO PANAMÁ SÁNCHEZ

El alma que puede hablar con los ojos,
también puede besar con la mirada.
Gustavo Adolfo Bécquer

Tu Silueta

Te miro en todos lados, en todo momento,
frente a esta taza de café humeante se
dibuja tu silueta de sílfide como un
espíritu elemental del aire cálido,
envolvente de mis ojos que te
abraza, acaricia y,
te toma.

Panamá Sánchez. Puerto de Veracruz, México. Actualmente vive en Santo Domingo, República Dominicana. Poeta, publicista y compilador. Estudió arquitectura en el Instituto Politécnico Nacional de la CDMX. Desde muy joven tuvo inclinación hacía la poesía, destacando siempre sus ensayos en prosa y rima asonante, algo innato y seguramente heredado de su abuelo paterno quien también destacó en su época por la improvisación prosaica urbana. Recientemente, algunos de sus poemas fueron publicados en la antología *Voces del Vino* (2017).

TONI PEÑA

Desaire

¡Café, sí, es café lo que quiero!
Johann Sebastian Bach

Ansío un café inquebrantable
cual tórrida droga
germinando fruiciones
Deseo el aroma de un café entrecortado
por la sombra de tu silueta desnuda
cabalgando sobre mi piel panela
a la misma hora
y en el mismo lugar
Voy al encuentro de un Expreso humeante
a la medianoche
Y al regreso
tu espalda en penumbras
estremece con desaire
mi liviandad trastornada
algo así como un trago de café amargo
enjuagando una cita frustrada.

A la espera de un poema.

El tiempo deparó un encuentro
cercano a esos "kahveh kanes" arabescos
llegados de la lejana Abisinia,
una tarde grisácea
donde las nubes se entrelazaban a lo lejos
como trenzas de indígena diva;
una neblina espesa abrazaba el espacio,

tu cintura asaltaba mis brazos
con la complicidad del suspiro
y la certeza del beso.
Todo olía a café,
el ambiente humeaba café,
inspiración, infusión, brebaje;
y vos esperando ahí
un café
que provocara un poema.

Tony Peña. Santa Ana, El Salvador. Ha realizado estudios en derecho, lenguaje, literatura y pedagogía. Ha participado en diversas lecturas de poesía, entre las que destacan el Encuentro Internacional de Poetas "El Turno del Ofendido" Homenaje a Roque Dalton, 2008 y 2010; auspiciado por la Fundación Metáfora, la "Jornada de Poesía por la Libertad de los Cinco en El Salvador", 2011; Festival de Poesía Amada Libertad llevada por el viento, 2014; invitado al Festival Internacional de Poesía de La Habana, 2016; Festival Mundial de Poesía 100 voces con Monseñor, El Salvador, 2017; Encuentro Poesía sin Fronteras. Capítulo Trifinio, Guatemala. 2017.

ALFREDO PÉREZ ALENCART

El aroma

Gracias a la Amazonía del gozo
- y como una entrañable pertenencia -
aún respiro ese aroma de los días remotos,
de cuando la tía Anita torraba
los granos en su cocina de barro.

Olor a paraíso y a selva encantada,
bayas que ella antes había
cosechado en su tierrita
de La Pastora.

Les ofrezco ese aroma o nube clara
que se prendió a mí
en medio de una atmósfera
que a otra existencia me llevaba.

Cita en el Café Slavia

Allí, con Franz y Rainer María,
es como tocar el sueño a diario,
próximo a la aurora de la revelación.

Un sorbo más y luego ciertos versos
que nunca menguan;
otro sorbo y luego escuchar
al que escribía cartas a Milena.

Este encuentro es más auténtico
que toda realidad en descomposición.

Alfredo Pérez Alencart. Puerto Maldonado, Perú. Poeta peruano-español y profesor de la Universidad de Salamanca desde 1987. Ha publicado 17 poemarios, que van desde *La voluntad enhechizada* (2001) a Ante el mar, callé (2017). Su poesía ha sido parcialmente traducida a 50 idiomas y ha recibido, por el conjunto de su obra, el Premio Internacional de Poesía Medalla Vicente Gerbasi (Venezuela, 2009), el Premio Jorge Guillén de Poesía (España, 2012), el Premio Umberto Peregrino (Brasil, 2015) y la Medalla de Oro Mihai Eminescu (Rumanía, 2017), entre otros.

CLAUDIA PICCINNO

Oda al moka

Oda a tu *plissé tailleur*
Oda al sombrero
y a los tirantes que llevas

Te ves tan británico
digieres la música contigo
Italiano…
oda a la esencia
de tus gárgaras…

sin agua ni mezclas
serías una herramienta
que se convertiría en un medio de amor

Oda a los mandatos que hierven
las habitaciones de la greca.

Claudia Piccinno. Italia. Poeta, escritora, ensayista, profesora de educación primaria y traductora. Editora para la revista Rosetta World Literatura en Turquía y para la revista Atunis en Albania. Antologada en más de setenta publicaciones.

FIOR PLASENCIA

A house can't be built for the raining season that is past.
— Ethiopian proverb

Juan Luis Guerra, aquí no se ha podido dormir después del aguacero

bocas.
un lienzo al ayer.
tanto recordar. lo olvidado
asumo el puesto. de puente
conectando
lunares con paladares
porque no vienen a buscarla.
a ella y su jarro.
porque no inflan la estufa.
adornen un amarillo de colmado en las hornillas.
vengan. por favor. a darle sentido al
aparato de hierro.
with freezing cold water.
dele una oportunidad
a ser mordida.
por la oscuridad.
soldados.
despiertos.
con flores en los platillos.
exprimiendo su azúcar.
sabores exóticos.
otro que otro chisme.
un welcome.
home.

we are already here,

siéntate.

la aroma a pueblo sonámbulo
nos hace
regresar. regresar. regresar.
palos de luz
estornudan cafetales
en Beach Channel Drive.
la taza de souvenir.
se ahoga.
en una luna húmeda.
espera ser acariciada.
por otra.
lengua.

Ethiopia & my Kingdom of disparates

What about if I come early
se dará
cuenta la vieja
que me ha consumido
el mal de amor
mar cotidiano
discuto con el pánico
por las noches, cuando todos se entierran en sus colchones y los
jevitas arrolladas
con las piernas sábanas
no encuentro más que el trabajo
de quedarme despierto
soñando con estar vivo
almohadas de pulpas
golpean
tostadas de viento
sacuden
in a cinnabon voice

otra veces con una chancleta
una enesmocada me pregunta si ando bien
si andar en perfectas condiciones es ponerse los pantaloncillos
entre las puertas largas
tomarme todo lo que se respira
ansias. garabatos. cuentos neoyorquinos
nunca he estado mejor
por cuestiones básicas   hoy
me levanto cuando el reloj que aún
no toca
the sun
just para recordarte

mami told me el café shouldn't be taken at night
you are excused, only, only,
if you are having a good conversation

mom, trust me, I talk to the walls

Me trago unos cuantos alfileres
así no duele tanto el perder
como perfora la piel el líquido marrón
tú me olvidas y el olor campo desnudo
hace su
e f e c t o

Fior E. Plasencia. Jarabacoa, República Dominicana. Poeta y educadora. Autora del poemario *Para Cenar Habrá Nostalgia.* Sus trabajos han sido publicados en varias revistas literarias como: Ancentos Review, St. Sucia Zine, La Galería Magazine, Revista Literario Monolito (México), Sand Canyon Review, New York Dreaming y entre otros. Su cuento *Sanchocho* fue uno de los ganadores del concurso "Cuéntale tu cuento a la nota latina". Ha creado el sitio web www.mujerconvoz.com.

BARBARA POGAČNIK

El sabor del sonido

Estoy rodando en nuestro amor: las nubes
pintadas por el sol
miran desde arriba
O quizás me arrastre en este amor
hacia una trinchera honda en la tierra, como en una bodega
llena de objetos imprevisibles
que no logro percibir en la penumbra.

Muchos de tus múltiples "no" – clavos
taladran nuestra manzana de Navidad,
con el anhelo de alcanzar el dominio
de mi cuerpo. Y los azules remiendos de tela
reparan un oso de peluche gastado
que tu besas en el hocico misericordiosamente.
Estoy solo flotando en el sonido, limando la vieja
corteza. En la piel de mi corazón
bosquejos de asientos de café
aclaran como la niebla.

Estoy contemplando tus ojos,
como apolillando a un gigante
grano de café, de un sabor fuerte y claro,
curioseando la existencia.
Tu mirada evitando la mía
preferiría lanzarse justo debajo de tus espejuelos,
o debajo de tu taza en la que
el néctar de esos granos, uno conmigo,
ya se ha formado, preparado y bebido.

Barbara Pogačnik. Eslovenia. Poeta, traductora y crítica literaria. Egresada de la UCL (Université Catholique de Louvain) en Bélgica. Realizó su maestría en la universidad Sorbonne de París. Ha publicado cuatro libros de poesía: *Poplave* (*Inundations*, 2007), *V množici izgubljeni papir* (*Sheets of Paper Lost in the Crowd*, 2008), *Modrina hiše / The Blue of the House* (2013) and *Alica v deželi plaščev* (*Alice in the Land of Coats*, 2016). Una selección de sus poemas ha sido traducida al rumano por la poeta Linda Maria Baros (*Funia Luni Iunie*) y al francés (*Éléments, lieux, animaux*) por el poeta Stéphane Bouquet. Su poesía ha sido traducida a 28 idiomas. Ha participado en más de 50 manifestaciones literarias diferentes a nivel mundial. Ha sido miembro de varios jurados literarios y exdirectora del Poets Translating Poets Sinji krog / The Azure Circle. Traductora de más de 150 autores.

ARNOLDO QUIRÓS

I

El aroma del café danza con donaire
entre zumos de inmortalidad.
Tiene alma de indigente, memoria de opulencia y sentido de
caricia,
tiene dolor de olvidó entre ayeres de un pasado de grandeza
que ilusionó salas de arte y cocinas de chozas pequeñas.
En el murmullo de sus espirales se deleita en el cielo
la historia de la esperanza, que escribió cúmulos de
buenaventuras,
que acarició ilusiones con sabor de mieles que obsequió la tierra
cuando abrazo sus raíces con calor de hermano

II

...un día se dijo, hágase el café
y los colibríes donaron verde turquesa a las hojas que sonreían,
y el alba atavió de blanco las flores poniendo un punto de sol en
las corolas, y la tierra abrazó las raíces absorbiendo savia virgen
para teñir de rojo
las cerezas que abultaron las bandolas.
El aroma de su cuerpo se abrazó a la brisa,
y vistió la alegría al despertar la mañana, y danzó con las notas
del vals en tardes de cultura,
y se enamoró con la poesía en las noches de bohemia.
Calmó la angustia en las horas de agonía que rodearon el féretro
del angelito,
y mantuvo la calma en la meditación del curso de la vida,

y llevó entre su aroma la piedad de la plegaria,
y acarició la mañana aquella en que celebramos
el nacimiento del nuevo día.

Arnoldo Quirós Salazar. Turrialba, Costa Rica. Poeta, escritor, ingeniero agrónomo zootecnista. Es un integrante activo del Taller Literario UNED facilitado por Erick Gil Salas. Ha participado en los festivales Tomados por el arte de Turrialba Literaria y el 8vo Festival Grito de Mujer, Costa Rica. Poemarios y obra narrativa: *En la intimidad del campesino* y *Laberintos de tristeza*.

BESSY REYNA

Una taza de café

"¡Fíjate!" Le digo a Rob
mi amigo de pelo negro y una cara atractiva,
mi compañero de almuerzo.
"¡Fíjate!" Ahora tendré que pretender
que no tengo idea de que la taza de café es un regalo
que él me hace.

Bailamos el tango.

Ricardo, este argentino siempre tan amable
que está tan contento de verme
porque hace tanto tiempo que no visitaba
esta pequeña cafetería casi
escondida en el segundo piso
de un viejo edificio.

Rob y yo nos sentamos por la ventana
conversamos sobre libros y observamos
a la gente que va caminando en Pratt St.
Ricardo me susurra con su voz
que tiene cadencia de las Pampas
¿Querés un café?
Yo sé que no debiera,
que no debo agregarlo a todos
los que ya tomé ese día,
pero, puedo saborear la oferta que
esconde las palabras
          yo-quiero-darte-algo-porque-estoy

      tan-contento-de-verte!
que se esconden detrás de su sonrisa.

Bailamos el tango.

"Fíjate!" le digo a Rob,
Ahora tengo que pretender
que quiero pagar por el café
y él, no aceptará el dinero.

Esa manera de ser tan especial,
ese calor y generosidad que hace
que la nostalgia me cubra como un manto

¿En cuántos restaurantes te regalan el café
solo porque el dueño está contento de verte?

Mi lengua materna retorna a mis labios
para rescatarme,
transformarme,
transportarme.

Bailamos el tango.

Me despido de Rob,
le doy gracias a Ricardo por el café
antes de bajar las estrechas escaleras de madera
que me regresarán a mi otra cultura
a mi nuevo mundo, mi *brave new world*

Al doblar la esquina
la voz de un vagabundo me sorprende
"Puedes darme dinero para una taza de café?"
Yo le sonrío "Ven conmigo, yo te compro un café
le digo, mientras le enseño el cartel que dice

"Café y pasteles" a solo unos pies de distancia.
"¡No! De allí ¡No!" me grita disgustado
"De Dunkin Donuts!"
De seguro que él no quiere el dinero para un café

Le pongo unas monedas en la palma de su mano
y le doy la espalda sonriendo
porque, después de todo, pague por un café.

[Traducción de la autora, publicado en *She Remembers:*
poems by Bessy Reyna (1997)]

Bessy Reyna. San Luis, Oriente, Cuba. Autora de los poemarios bilingües *The Battlefield of Your Body /El campo de batalla de tu cuerpo* (2005) y *Memoirs of the Unfaithful Lover /Memorias de la amante infiel* (2010). Ganadora del primer premio de poesía Joseph E. Brodine de CT Poetry Society y otros premios y reconocimientos. Ha participado en festivales poéticos en México, Cuba, Nicaragua y El Salvador. Trabajó por nueve años como columnista de opinión del periódico Hartford Courant, graduada de Mt. Holyoke College (BA) y la Universidad de Connecticut (MA. JD).

MINERVA DEL RISCO

Semicírculo

Son las seis, y qué importa el meridiano. Qué importa si la tierra gira al revés o al derecho. Qué importa si comiste o si el café tiene azúcar, si es la hora del vino o del crepúsculo, o si oyes a los gallos cantar cuando las lunas están llenas.

Son las seis a secas y eso es lo que importa en este lugar ciego donde somos testigos solamente de nosotros. Aquí nos sabemos, nos esperamos, nos buscamos palabras que terminan en puntos suspensivos para que no se acabe, para que no concluya, para que no nos escapemos de este juego que empezó como un juego. Sí, tengo miedo y tienes miedo, a pesar de las risas, de las conversaciones serias, a pesar de la música y los textos. Tenemos miedo porque la oscuridad se asoma poco a poco y siento tu aliento, y te conozco en ausencia, y tu nombre se acerca a mí y te siento. Tenemos miedo porque no te atreves, porque no me atrevo.

Son las seis y qué importa si las horas van pasando. Seguirán siendo las seis en este espacio donde sólo tú y yo nos entendemos, aunque no conozca tu voz ni sepa de tus días pasados ni de cómo llegaste donde no hay miradas, donde la piel no se resiste. Son las seis y aquí te espero, entre las sábanas que arroparon los sueños de ayer y no durmieron. Entre el silencio que escucho debajo de este túnel helado. Entre la gruta translucida que acompaña el nefasto dolor de alientos viejos, o entre esta cápsula hueca que piensa en tu prohibido nombre prohibido.

Mis pies se arrastran limpios sobre la lana que cae del árbol, fina y seca, como copos de nieve. Impaciente algodón que presiente este enredado cosmos, en este reflejo que simplemente somos.

Nada

No somos más que dos en busca de la noche y de nosotros, sin toques de queda, sin veda, sin condena. Somos tú y yo buscándonos en la profundidad de las pupilas tristes del otro como un arpegio de notas discordantes en una noche gris y taciturna.

No somos tú ni yo, somos todo. La madera, el fuego, la canción que suena sutilmente en mis oídos, el olor a leña, el café molido, el frío y el calor, el vuelo trágico del pájaro. Somos este amor que no nos deja ser ni tú ni yo para ser otros. Para ser nada.

Minerva del Risco. Puerto Rico. Estudió Mercadeo en la Universidad Nacional Pedro Henríquez Ureña. Publicidad y producción de televisión. Gestora cultural y articulista en los periódicos Acento, Diario Libre y El Nuevo Diario, así como en el suplemento cultural Areíto del Periódico Hoy y en la revista literaria Punto en Línea de la Universidad Nacional de México. Uno de sus poemas fue musicalizado y forma parte de la última producción discográfica del reconocido cantante y autor de letras dominicano Víctor Víctor. En el 2016 produce los textos para el libro *Mi ciudad colonial* del afamado fotógrafo dominicano Alejandro Núñez. En el 2017 publicó el libro de prosa poética *Virtuas de miel*. Actualmente está trabajando un libro de crónicas, relatos y su primera novela.

LUIS ANTONIO RODRÍGUEZ (Laro)

Del café y sus olores

En el preciso momento
del último sorbo de café
ese que te deja la amargura
aparece el recuerdo
en la borra que se coló al final de la taza
y mi olfato alucina con el aroma de tu aliento.

¿Será que también estoy en tu café?
Noto el vapor escaparse
el olor de mi piel que te arropa
así, como lo hace el tuyo
en mañanas grises
extrañándote en creces.

Ayer nos bebimos
quedan sombras en mi cama
huellas desfiguradas en la taza
donde dejaste tus labios
como elefante de Slaveika.

Lleno la greca nuevamente
prendo la estufa
me siento a esperar
frente a dos tazas vacías
repletas de historias
y preparo nuestra conversación
en este día de estreno.

Luis Antonio Rodríguez (Laro). AWA. Puerto Rico/República Dominicana. Científico ambiental, fotógrafo y escritor. Ganador del segundo lugar, categoría comunidad, en el Laudo XXI Certamen literario Poesía, Cuento y Ensayo de la Universidad Politécnica de Puerto Rico, 2016. Tiene tres poemarios publicados: *Entre la sombra y el albedo* (1996), *Versos clandestinos* (2001) y *Amor de superhéroe* (2016). El libro de cuentos *Rush Hour y otros relatos para leer en tren* (2017) es finalista en el International Latino Book Awards 2018.

PILAR RODRÍGUEZ ARANDA

Arábiga Domino Show

Grano moreno herencia mora que demora el pensamiento
conexión eléctrica que se estrecha engrasada y avivada
queda empalmada como por prensa de tortilla
que se explaya y multiplica alambre y cuerda se torna
jugo aceite sopa enjuague savia que nos salva
de andar dormidos en esta vida de esclavos perdidos seguimos
estando, pero en el cotidiano instante
de ese sorbo hirviente en el que advertimos
una apertura mental, la claridad que otorga
a la que nos hacemos adictos los que amamos
los vocablos entretejidos, dichos o escritos, que dan sentido
cerebral y abren compuertas sin saberlo
desde el humo…en libros, a voces o en la charla
Cafecito que líricamente aclama, ¡Compartid…!
Parte esencial de este último siglo, y del presente
La infusión más consumida, aunque su alcaloide
–la disociativa cafeína– no le pertenece en exclusiva
el equilibrio antagónico entre su acidez y la amargura
percibida gracias a un mecanismo químico aprendido
por fidelidad y usualmente resulta en su variedad de sabor
De cuentas ligeras y doraditas, u oscuras y bien cargadas

El café de mi memoria, de cuando yo era niña
provenía de una botella, y con azúcar morena, se diluía
yo en él, remojaba un bolillo mientras miraba la tele
porque no entendía de sus mentiras, y además
era feliz en el desvelo, joven y sin discernimiento
tantas cosas, en ese entonces, parecían sabrosas
hasta el café soluble que de pensarlo ahora
encojo los hombros en disgusto, pero uno recuerda

el recuerdo del recuerdo, que nunca es el mismo
Provocación rizomática la de mi torpe narrativa
que busca evocación, y no bostezo en este intento
por componer una canción con mi sustancia y mi sustento
sin despecho ni orgullo, sin caer en la ficción falsa
Exagero, como buen cafeinómano, hago drama, reconozco
los matices: altura tueste molido temperatura hora tinta
Porque solo el cafecito tiene ese gustito que se alarga…a
A veces, cuando ya tibiecito y apenas queda centímetro
y medio, le doy un sorbo y su concentrado de ébano
se adhiere a mi lengua…africana, Qahwa es su nombre
Eco etíope a la mitad del cuerno, y sin salida al mar

Todo se va aprendiendo, incluso la capacidad de aprecio
La moderación es un ejercicio que practicamos
a regañadientes; huimos y buscamos el disfrute como cuando
hace años escapé
a donde sin dificultad crecían arbolitos con semillas de roja
cáscara redonda
su adherencia temporal, como todo cuerpo, todo fruto
(Ahí fue que compré las semillas verdes y las tosté en casa
para extraer… extraer –esa acción, ¡qué cosa más humana!
Me pregunto cómo fue que la aprendimos y aplicamos
Cuál fue el camino para "la extracción" del conocimiento
de lo que nos rodea, de lo que sentimos, atestiguamos
de lo que vemos o creemos ver ¿Cómo es ese proceso?
Ah, sí… ¡las cosas que exprimimos! Aceites de semillas
De los frutos de las plantas, de la grasa de las cosas vivas
De la boca que nos mima…mi voz conciencia me examina
Todo esto ha sido la voz de la cafeína, reconozco su vapor)

El café de mi presente, en ocasiones es un tarro
hirviente al lado de la cama, un gesto simple
y amoroso como muchos otros entre nosotros
Una prensa francesa domina la escena sin filtros
nos ofrece ese líquido prodigio, áspero e ingente que acompaña

por la mañana la acuosa frescura de la fruta
mientras que algunas tardes nos extirpa del tiempo
nos extiende las noches, siempre estimulante y vanidosa
esta sustancia terrenal que transforma nuestra vigilia
que nos responde y nos agita, a esas neuronas
las impulsa a desdoblarse, o así me imagino
la reacción psicoactiva, cuando en automático mis manos buscan
la pluma
para desdibujarme en el texto
que se desliza por el aceitoso brillo de su esencia
No hay duda de que el cafecito se guarda lo suyo
—una treintena de secretos— pero no nos importa
Seguimos invitando su planeta sacudida, y siempre
y ante todo, nuestros pequeños placeres, así somos
Eso buscamos, aterrizar, para luego despegar
tras las historias de la memoria transmutada
en el oráculo mito o en las pilas de la documentación
desmedida, bebida hasta el fondo pardo de la taza
La medida justa, o no, de todo buen final.

Pilar Rodríguez Aranda. Ciudad de México. Como video artista, Pilar ha recibido becas y premios en México y Estados Unidos. Como escritora y traductora, ha sido incluida en decenas de revistas y antologías en América y Europa. Ha publicado los poemarios *Asunto de Mujeres* (2012), *Cascada de palabras, Verdes Lazos,* (2014), el CD con música en vivo *Diálogos de una mujer despierta (2016)* e *Insistencia en el Sueño* (2017). En el 2013 recibió un premio por su poema *Nuestras Luchitas*, en la 8a Conferencia Anual de Escritores en San Miguel de Allende. Ha participado en múltiples encuentros y festivales y su poesía. Ha sido traducida al inglés, árabe, alemán, griego e italiano.

RAFAEL ROMÁN FELIZ

Soliloquio

Un latido de voces palpita al otro lado, un café es país diría, pequeño, con calles mínimas que siempre terminan bajos los labios del sol.

Una espiral de horas agotadas sirve de corona a un edificio delgado que escupe tiempo. La ciudad desde este infinito trago de quietud abulta sus bolcillos de historias, de colectivos con vísceras llenas de gente que van a sus labores.

Yo aquí, como tragado por esas fuerzas urbanas que incuban sueños torcidos, obviando el paso de las pisadas de las estatuas cuyo puño hacia el cielo pide no oxidarse.

A veces soy esa ciudad con sus puertas cerradas, y ese mar habitándola a sus espaldas, con sus voces vehiculares y sus ambulancias enrojecidas transitando como la sangre por los túneles del cuerpo.

Soy esa extensión del café que ahora violenta mi propio sueño, que se hace parte de mí, mientras la ciudad me habla, tomo un sorbo a veces breve, a veces largo y todo se vuelve ruinas, escucho el parpadeo del batir de las alas de las palomas, el rugido infantil del parque humedecido, el sol infinito ya reducido sobre la hoja que baila con el otoño.

¡Qué fácil es dejar sin brazos el día, sentir como ruedan todos los ángeles por mi paladar cuando hablo de la ciudad con el café! Entonces cuando la taza queda vacía de su oscura presencia, el mundo queda igualmente vacío.

Un café siempre es un retorno.

Psiquis reducida

En la madrugada los faroles se han torcido embarazados de tenue luz. Mis manos detienen entre sus dedos un limbo cuya redondez se abraza a esa estructura circular.

No hablo del mundo, de sus océanos, de la llovizna finita que escuece el rocío sobre las rosas y flores, tampoco de la ola que se funde con las piedras y sangra pompas innumerables.

Hablo de un arma de más calibre, un portento líquido que empuña el ser que habita en mi lengua y le hace dubitar entre su misma sombra, algo que pende más allá de las palabras, una casa dentro del viento.

Una torrencial lluvia que obnubila las miradas desde adentro de mi ser, ese otro yo cree en ese soliloquio, ese somnoliento párpado que abre y cierra entre mis manos.

Un café dejó mi psicoanalista desempleado, me hizo volver a creer que los sueños solo sirven para idealizar un infecundo mundo, que ese mundo solo es corpóreo detrás de esos ojos.

De paso me señala las puertas del exilio, para cuando desee dejar de ser yo. Entonces tener otra patria y otro cuerpo, la identidad de los cuervos, porque así es el café, néctar de los traidores, una bebida solo para los descendientes de Judas.

¡Como gasto versos tratando de describirlo, para cuando todo un poemario esté hecho, solo puedo darle un nombre!

Trago su sombra y su lobreguez me traga, alcanzo el techo de un mundo que desconocía hasta antes de tomarlo.

De revés, todas las cosas son blancas.

Rafael Román Feliz. República Dominicana. Galardonado con el premio de Poesía Joven de la fundación Cultural Lado B, en su versión del año 2017 con su obra *Diccionarios para occisos*. Psicólogo clínico. Sargento de la Policía Nacional. Profesor Universitario en su Alma Mater, Universidad Dominicana OyM.

BEATRIZ SAAVEDRA GASTÉLUM

Intermitencia del café

I

La noche más oscura
es sueño furtivo
que alimenta las formas
bajo el café ardiente de la serranía
     lo pruebo
     lo sorbo
eternizo tu nostalgia mientras acaricio silenciosa
la taza caliente de recuerdos

Tu aroma es el aroma de la noche
te bebo a bocanadas
lentamente
como si fuera tuyo el instante luminoso
que contiene tu tardanza
para salir ahora del mundo

II

Tras la ventana
el humo de tu polvo es olvido
olor a café fresco y a tardanza
en la taza que templa
la angustia de pensar en reencontrarnos

Nos mantiene a la expectativa

La forma momentánea de tu cuerpo infatigable
la hora inscrita
y el insomnio concebido

Aguardo
y bebo de mi taza
para sentir el calor entre mis labios
la añoranza perdurable
el amargo sabor de los sueños que se olvidan

III

Casi fuera
gota a gota
se va filtrando el café
sobre la tela productora de almas

El largo sentir diluye el bebedizo
que estimula
lo indecible en un vaso de metal
        o de barro

La esencia primaria alimenta
el espacio que termina
la elaboración del tiempo
Palabra que se atreve
sentada en la primera bocanada del insomnio

Pero el momento se va
la hora muere mientras bebo
y en ella funde en mi boca
tu sabor infinito de olvido

Beatriz Saavedra Gastélum. Culiacán, Sinaloa, México. Es egresada de la Universidad Nacional Autónoma de México. Ha realizado estudios en Literatura, poesía y Filosofía. Realizó una Maestría en estudios avanzados de literatura española e hispanoamericana en la Universitat de Barcelona, España (2015-2016). Así como, un diplomado de novela erótica en el Centro de la Cultura Casa Lamm. (2012). Su ponencia sobre Griselda Álvarez recibió una mención en el XII congreso Internacional de Escritoras y Escrituras llevado a cabo un la Universidad de Sevilla, España (2015). Sus poemas han sido incluidos en la Fonoteca Nacional como acervo del patrimonio cultural de la nación, además sus poemas forman parte de *Descarga cultura* UNAM. Libros: *Sueño obscuro que somos (2004), Luz de otra sombra (2014), Engarzados o recursos del olvido (2016), Noche última (2016) y Al filo de tu piel (2016), Presagio en el olvido (2017).* Sus obras han sido incluida en diversas antologías, revistas y periódicos nacionales y en el extranjero, sus poemas se han traducido a lenguas indígenas, francés, inglés, holandés y alemán. Fue finalista del concurso vivir soñando España (2005). Su poema desfase recibió una mención en la Asociación de poetas de Argentina (APOA) 2004. En el año 2015 fue distinguida con el galardón "Sinaloenses Ejemplares en el mundo" en el ámbito de la cultura, otorgado por el gobierno del estado de Sinaloa. Actualmente dirige el taller de creación literaria "Alicia Reyes" en la Capilla Alfonsina. Colabora activamente en los programas de radio y televisión.

FETHI SASSI

Poemas de café

I

En el borde de mi taza de café,
un poeta...
Espera un poema que le duela el humo.

II

Mi café...
No revela sus secretos usualmente.
Todas sus historias tienen colores olvidados.

Fethi Sassi. Nabul, Túnez. Poeta, escritor y traductor. Autor de poesía en prosa, poemas cortos y Haiku. Traductor de todos sus poemas al inglés. Libros de poesía: *A seed of Love* (2010*). I Dream... and I Sign on Birds the Last Words* (2013). *A Sky for a Strange Bird* (en inglés, 2016). *As Lonely Rose... one Chair* (2017). Miembro de la Unión de Escritores Tunecinos y del Club literario de Sousse.

ARNALDO RICARDO SÁEZ

Café y soledad

Amigo mágico
inseparable,
de color oscuro
y aroma agradable,
todas las mañanas
mientras te consumo
dibuja recuerdos
tu nube humo.
Andas calentando
mi cuerpo y mi vida
para comenzar
mas despierto el día.
Y te voy bebiendo,
y así voy soñando,
que vendrá el amor,
que se ira mi llanto.

El café de los abrazos

Café negro,
vinculo eterno,
vienes en pocillo
abrazando inviernos.
El frio se instala,
los vidrios se empañan,
en charlas de amigos
tu aroma acompaña.
Y sigo abrazando
a mis seres queridos,
entre las sonrisas

brindamos contigo.

Arnaldo Ricardo Sáez. San Isidro, Buenos Aires, Argentina. Productor de arte musical. Ha participado en varios encuentros literarios internacionales, también en la legislatura de gobierno de la ciudad de Buenos Aires. Ha sido embajador plenipotenciario de La India en Argentina, por el homenaje al Líder Mahatma Gandhi en el recordatorio de su natalicio y fallecimiento a través de su poética.

NILTON SANTIAGO

Hemos ido a cenar con Ainhoa y Bruno y me dicen que puede que no nos entendamos por el idioma

Freud decía que existen dos maneras de ser feliz en esta vida:
una es hacerse el idiota y la otra es serlo. Yo, ciertamente,
he sido feliz de las dos maneras y también entre tus pecas
                                                    revueltas.
Bruno llamaría a este comienzo de poema un patético discurso
del amor soluble, digno de publicarse en el catálogo de una
peluquería para puercoespines. Estoy de acuerdo con él así que
ahora os hablaré de los niños que juegan al fútbol con los restos
de las bombas no detonadas caídas en la escuela
Al Bahréin de Gaza, o mejor aún hablemos de esta camarera que
tiene la sonrisa llena de mariposas
y a la que le acabo de susurrar al oído si sabía que si le quitas
los bigotes a un gato puede perder el equilibrio y caer al suelo.
Acaba de llegar el otoño huyendo de las noticias que llenan de sal
las lágrimas de los peces, Bruno no está de acuerdo
con que debamos hablar más de los peces, ni con las multas
que nos ponen las estrellas por aparcar en doble fila frente al
corazón de una chica como tú, pero da igual, si por alguna razón
el sol dejara de emitir luz, en la tierra tardaríamos 8 minutos en
                                                    darnos cuenta,
así que aprovecho estos 7 minutos para decirte que golpearte la
cabeza contra la pared consume 150 calorías por hora, amigo
mío, o para contarte que Gina y yo hemos hablado nuevamente
por teléfono para nada.
El idioma, el idioma, puede ser un problema dice Ainhoa,
pero si hasta los delfines y las ballenas se entienden cuando
rajan a tope de los buceadores, si hasta aquel pez que vive
en el fondo del mar y que tiene los dientes tan grandes
que no puede cerrar la boca, puede entender por qué suben
las mareas y las tasas universitarias cada nuevo curso cuando

lee el periódico. Pero entonces recuerdo aquella mañana
en la que te pregunté si *¿yo te gusto mucho?* y tú sonriendo me
preguntaste si eso significaba *"If I like you?"* o *"if you like me?"*
mientras las auroras boreales se hacían un sitio entre tu mirada y
el

                                                    amanecer.

Bruno dice que un gramo de oro se puede expandir
hasta 20km y que te deje bajo la puerta una moneda de curso
legal entre tu cama y mis sábanas, también dice que me deje de
paridas y que ponga toda la carne de este poema en el asador.
Entonces pido otro café porque ya no puedo más con la
somnolencia que me da mirar cara a cara a las estrellas en el
fondo de esta copa y de pronto dices que 100 tazas de café
tomadas en un lapso de cuatro horas técnicamente pueden causar
la muerte, y pienso que yo ya me he tomado 99 y que quedan 60
segundos para que empiece a decir algo en este poema, así que
miro por la ventana para ver a aquel hombre que vende
mecheros como si su corazón fuera una gran bombona de
butano y también tú lo miras fijamente hasta que te das cuenta de
que ya sabes hablar con los pájaros y de pronto eres tú el pájaro,
Bruno,
y las plumas de miel que caen de otro pájaro es el único lenguaje
que entiendo cuando pienso en la innombrable de Gina.
Este poema es como el fondo del mar herido por el vientre de
los peces que acuden –solitarios- a morir en el fondo de tu
corazón, pero me equivoco, la vida es demasiado abstracta para
hablar de ella en un poema cuando no puedes dormir y de
pronto te despiertas, y apagas el despertador o lo arrojas por la
ventana y recoges los restos de lo que queda de ti para llegar a la
cocina y

                                          hacerte otro café
y de pronto te das cuenta de que el amor es otra mentira de las

                                                estrellas,
y también el café y el agua y la nevera llena de anotaciones

y errores y caricias descongeladas y plumas de todas las
almohadas donde has depositado tus sueños y también las
tostadas con

                                      miel son mentira
y la naranja que sólo es una naranja
cuando la partes por la mitad, como tu corazón.
Desayunas de pie con el sonido del telediario de fondo:
bombardeos indiscriminados contra poblaciones enteras de osos
                                          hormigueros,
vacunas que no son desarrolladas por la presión de las
farmacéuticas, varias cuentas bancarias ocultas dentro de una
caracola de

                                          mar.
Y de pronto apagas el televisor y vas al metro y empiezas a leer
y te das cuenta de que hace años que lees el mismo poema
escrito por la lluvia y que también las lágrimas de los gatos
son materia poética, la soledad de la misma chica que ves cada
mañana con las costillas de cristal y los labios rojos, como las
altas nubes donde se hornean los sueños de Dios,
y de pronto llegas al trabajo, desorientado como el caballo en el
ajedrez y en un bostezo vuelves a casa con la mirada asustada
y te das cuenta de que has olvidado el lenguaje de los pájaros.
Entonces pienso que soy como aquellos peces que no se aburren
en las peceras, porque su memoria tan sólo dura dos minutos y es
como si volvieran a nacer una y otra vez,
una y otra vez hasta olvidar su corazón,
y es entonces cuando me muero de ganas
de tomarme la taza de café número 100 en cuatro horas.

[De *Las musas se han ido de copas* XV Premio Casa de América
de Poesía Americana. Madrid, Visor Libros, 2015.]

Nilton Santiago. Lima, Perú. Reside en Barcelona hace varios años. En poesía ha publicado *El libro de los espejos* (2º Premio Copé de Poesía 2003), *La oscuridad de los gatos era nuestra oscuridad* (Premio Internacional de Poesía Joven Fundación Centro de Poesía José Hierro, Madrid 2012), *El equipaje del ángel* (XXVII Premio Tiflos de Poesía, Visor Libros 2014) y *Las musas se han ido de copas*, con el que obtuvo el XV Premio Casa de América de Poesía Americana (Visor Libros, Madrid, 2015). Finalmente, *Para retrasar los relojes de arena* (Vallejo & Co., 2015) es su primer libro de crónicas. Merecedor del accésit del Premio Adonáis de Poesía 2014, parte de su obra ha sido recogida en las antologías *A otro perro con este hueso* (Editorial Casa de Poesía, Costa Rica, 2016) y *24 horas en la vida de una libélula,* publicada en versión bilingüe búlgaro y español por la editorial Scalino el 2017.

ELSY SANTILLAN FLOR

Una calle y su café

Hoy
   recorrí por la calle que era nuestra,
   volé por la vereda,
   me arrimé al árbol grande.
Parecía que todo estaba igual
                la noche y su bullicio
                los autos y sus luces
                mi dolor revolcándose
                          en la escarcha.
El Café brillaba sorpresivo.
Entré.
      Llegué hasta la mesa más lejana.
          Recorrí sus espacios,
      en cada pulgada hallé un recuerdo
                una forma
                una nostalgia.

De improviso
supe que el olvido era utopía.
Por sobre todas las cosas
tu nombre vive en mis paredes,
pernocta en mis cúspides
anida en mis recodos.

Me pegunté si el vacío
arde más que la vivencia.
Descansé los ojos un momento
y los momentos volaban como aviones,
         zumbaban como abejas,
         se multiplicaban como el cáncer.

Y me encontré dando vueltas en la niebla
desnuda entre la Nada…
Tuve miedo de mí misma,
regresé a mi cama solitaria.

Afuera, la noche está brumosa.
Por la ventana atisbo la tristeza
(desperdicio de ternuras.
sacrificio de amores desiguales,
bostezos de piel y de verdad)

Afuera, la noche está brumosa
Ya que importa.
        Tu…
         dormirás
        profundamente.

[De*: En las cuevas ajenas de la noche*, 1998]

Elsy Santillán Flor. Quito, Ecuador. Doctora en Jurisprudencia y Abogado de los Tribunales del Ecuador. Obras en narrativa: *De mariposas, espejos y sueños, De espantos y minucias, Furtivas vibraciones olvidadas, Gotas de cera en la ceniza, Los miedos Juntos, Las ficciones de la soledad, Tiniebla 13* y *Algaradas*. En teatro: *Danza imperfecta. Cena para estúpidos*. En poesía: *En las cuevas ajenas de la noche, Aristas en el tiempo nuevo* y *Nimiedades*. Libros electrónicos: *Las doce habitaciones de la magia*. Narrativa infantil: *Maravilloso Agustín*. Narrativa infantil: *Tiniebla 13* y *Cuentos fantásticos*. En colectivo es coautora de los libros: *DESEABULOS 1* (Quito, Ecuador)*, DESEABUIOS 2*. (Ibiza, España), *La certeza de los presagios* y *Cinco narradoras ecuatorianas*. Premios: Premio Nacional Jorge Luis Borges (1995), Premio Nacional Pablo Palacio (1998), Mención de Honor del Premio Joaquín Gallegos Lara a la mejor obra publicada en Teatro Consejo Metropolitano de Quito (2011), Premio en colectivo de La Casa Internacional de Escritores y poetas de Bretaña, París (2012- 2013). Consta en antologías del país y extranjeras de cuento y poesía. Traducida parcialmente al húngaro, francés y yugoslavo.

ROGER SANTIVÁÑEZ

Moliendo café

Yo vivía en Junín 381
Piura de ni niñez
En la costa norte del Perú

Cande, Candelaria mi morena amiga
Bailaba por las tardes la canción que
Nos ensimismara

¿De dónde salía su *son diurno*?
¿De qué oscura sala de los Feijoó?
La memoria se borra

Se deshace en la canícula del polvo
& me avienta a la soledad del vestido
Blanco de mi amiga & sus rizos brillantes

La canción venía del Caribe
Pero en ese tiempo yo no lo sabía
Sin embargo sentía ese son

Esa cadencia & esa letra que me
Alucinaba *Cuando la tarde languidece*
Renacen las sombras
El sol de Piura reventaba descolgándose
En el horizonte perdido de tu risa Cande
Voy a pelar las muelas me decías

Con esa carcajada tan tuya que hasta
Hoy domina mis insomnios abrasa
El frío invierno & me transporta
Ahora que bebo un café querida

Negra del alma, compañera de
Los juegos infantiles en la vereda

De los sueños otra vez molemos
Café juntos, bailamos sin freno
En la tarde muerta de Piura

& de mi siútica inocencia

Roger Santiváñez. Piura, Perú. Estudió literatura en la Universidad de San Marcos. Fundó el estado de revuelta poética denominado *Movimiento Kloaka* (1982-1986). Obras destacadas: *Dolores Morales de Santiváñez. Selección de Poesía 1975-2005* (2006), *Sagrado Poesía reunida 2004-2016* (2016) Obtuvo un PhD en Temple University donde actualmente es profesor de español. Estos poemas pertenecen al libro inédito *Balara*.

JUAN SECAIRA VELÁSTEQUI

Café con hijos

Mis hijos me rodean, me piden,
en cierta forma y con cierta gracia
que les explique qué me ocurre,
por qué estoy tan enfermo.

No atino una respuesta (en el momento en el que quiero
hablar el dolor me lo impide, el pulso: alto; la presión: alta; la
jaqueca, migraña, tiro en la sien: tenebrosos).

Dejo de tomar el café, pasado en chuspa, costumbre heredada de
mis padres,

que tanto nos une cada tarde.

No puedo decirles que vivo en otra dimensión
como en una veladura,
impostación real,
telón sin fondo.
Otra materia donde el cerebro y el corazón se aíslan
para compartirse haciéndose añicos,
haciéndose pedazos,
cenizas de las cenizas que calientan el cuerpo.

Acaricio a mis hijos.
Recuerdo en silencio
las veces que hemos compartido el aroma de aquel café tan fuerte
y ya propio.
También recitamos versos a la pasada,
como saludo o forma de encontrarnos
y fragmentos de canciones, de películas,
hablamos de algún libro,
les cuento un chiste.

Los miro a los ojos.
Ellos lo saben.
Existimos.
Es más que suficiente.

Autoinmune y medicado

Me mantuve a flote varios años, sano,
sin necesidad de otra cosa que no fuera mi energía.
Luego sucedió algo, una tragedia, que no viene al caso,
retumbó los cimientos de la familia.
En realidad, más que nada, los míos.
Me dediqué a olvidar tomando alcohol, saliendo de parranda
con un grupo alhaja de amigos, de hermanos.
Di talleres, di clases, di correcciones, di una especie de
consejos, di sonrisas, di lecturas, di amistad, di enojos, di
abrazos.
Nunca palmadas complacientes, nunca besos sin sentirlos,
nunca prejuicios; sí secretos, autores, palabras en hojas
recicladas.
Di cervezas, brindé con café pasado, brindé con café
cubano, brindé con colombiano, a cada taza le puse una
pizca de whisky, con todas disfruté de charlas, anticipos y
reconvenciones.
Tampoco hago talleres ya, ni doy clases.
La mayoría de las vivencias son otra cosa.
Inentendibles sorbos múltiples. Según distancias y estados.
Según pulsos y síntomas.
La coyuntura es que aquellos amigos se han ido perdiendo
con el tiempo.
Que tengo miedo, claro, y también ilusiones, o poemas por
hacer, o libros por leer.
O buscar calma.
O un poco de fuego.
O hambre.
O sed.

Juan Secaira Velástegui. Quito, Ecuador. Ha publicado *Obsesiones urbanas* (ensayo) y los poemarios *Construcción del vacío* (mención especial del premio de poesía Ángel Miguel Pozanco, España), *No es dicha* (Premio Nacional de Poesía Jorge Carrera Andrade), *Geografía de la edad, Sujeto de ida, Ribera de cristal, El rasgo que se cubre (Antología Poética)* y *La mitad opuesta.* Su poesía se encuentra en antologías nacionales e internacionales.

JORGE LUIS SECO

No lo pienses nunca.

Si en el andar de la vida
te encontraras con tristezas,
vístelas con alegrías
hazlas volar en la brisa
disfrutando de un café.
Si andando tu camino
te tropiezas con desdichas,
aunque no sean las tuyas,
bríndales una caricia,
ofréceles un café
y todo te irá mejor.
Si en el diario vivir
acuden lágrimas a ti.
Eso es parte de la obra,
la que debemos actuar.
Dar lo mejor que posees,
sin siquiera titubear.
No siempre puedes reír,
a veces hay que llorar.
Mas no debes olvidar,
que la vida es lección,
que se da para aprender.
Ser mejor en cada día
que tenemos la ocasión
pues mañana es inseguro,
lo seguro es el hoy.
Si en el andar de la vida
te fallan las fuerzas un día
recuéstate, cierra tus ojos,
viste tu piel con coraje,

lanza un grito de combate,
pon en alto tu cabeza
y verás que la tristeza
te brindará su calor.
Nunca vayas a parar
aunque el camino sea abrupto
no vayas a desistir en tu eterno caminar.
Mira siempre adelante,
lo de atrás pasado es.
No lo puedes reparar,
ni un segundo cambiar.
Si en el andar de la vida,
piensas que es muy duro,
no permitas que hayan sombras
que oscurezcan tu dar.
El sol volverá a brillar.
Las cosas irán mejor.
Lo que ayer causó temor
hoy lo puedes desechar.
No vayas nunca a pensar,
que es mejor no vivir,
no se te vaya a ocurrir.
Nunca llegues a creer,
que es mejor dejar la vida.
No creas que es salida
el terminar tu sentir.
La vida es maravilla,
aunque a veces trae dolor.
No desistas de vivir,
los minutos que te han dado.
Que no pare tu reloj,
antes de llegar al fin.
Nunca, nunca por favor,
me vayas abandonar
sin terminar tu camino
ese que debes andar.

La vida es como un regalo
que se debe aprovechar.
La vida es un buen café
que se debe disfrutar
hasta la gota final.

Diosa de plata.

Sentado en mi butaca
con mi taza de café.
Hoy quiero escribirle a ella.
Ésa que muchos nombran,
que la admiran y le cantan,
que la adulan y le temen.
Quiero escribirle unos versos,
que sean blancos, sean puros,
porque ella espanta lo oscuro,
hace luz en la tinieblas.
Ella que viste la noche,
que sale a romper las sombras.
Muchos dicen que es rumbera,
que con los hombres satea.
Les rompe los corazones
y ni se acuerda de ellos.
Que tiene muchos amores,
pero a ninguno se entrega.
Que siempre viste de blanco,
y sus ojos son estrellas.
Deseo escribirle a una diosa,
que habita en muchas culturas,
en las cuales se venera,
se le rinde pleitesía,
se le adora, se respeta.
Yo siempre la veo mulata,
herencia de mis ancestros,

que arribaron como esclavos.
Se mezclaron con los amos,
creando una nueva raza,
con lo mejor de ambos mundos
y surgieron las mulatas.
Mujeres que no son negras,
pero tampoco son blancas.
Que son guitarra española
con redobles de batá.
Yo siempre la veo mulata,
porque ella es africana,
con sangre de la vieja España.
Hoy le escribo a la luna,
a esa que me acompaña
cuando escribo mis poemas,
degustando un buen café
cuando en las noches de insomnio
me embelesa con su canto,
susurrando en mis oídos
leyendas nunca contadas.
Esas que hacen sombra
a donde quiera que vaya.
Le canto a esa diosa,
que lame mi piel con plata,
que moviendo sus caderas,
me atormenta y arrebata.
Diosa de los enamorados,
sean buenos, sean malos.
Hoy quiero cuando yo muera,
ella me pinte la cara.
Quiero yacer en su luz
y que su paz me amortaje.
Quiero morir a su amparo
y que me arrulle su canto.

Jorge Luis Seco. La Habana, Cuba. En el 1979 llega a EE.UU. después de vivir en España. Ha publicado seis libros, dos novelas, tres poemarios y un libro de pensamientos. Conduce el programa El mágico mundo de los libros transmitido por Radio Sion desde Manhattan. Ha recibido la condecoración de poeta laureado de Union City, New Jersey. Participa activamente como gestor cultural de dicha ciudad. Facilita talleres y actividades literarias en el Centro Cultural William V. Musto.

EDGAR SMITH

La greca

Suena ya como un jolgorio,
como ese mercado viejo de Villa Consuelo,
como Times Square con sus desnudos
con sus pantallas anunciando la vanidad del mundo.
Es como si una multitud la habitara,
como si aplaudieran la aproximación
del olor exquisito y los labios expectantes.
La hizo suya mi abuelo Monchín en arduas madrugadas en
                                             altamar,
escudriñando constelaciones y ángeles en el ajedrez infinito del
                                             cosmos,
planificando vidas que sabía no serían suyas.
La hizo suya Walt Whitman
sentado en un *porch*, alegre del hombre y el verso.
Hay algo de mujer en ella,
algo de misterio y de lo inevitable,
en su aroma que ata y en sus curvas al fuego.
Acudí a ella en tardes que la pena me propuso senderos sin luz
y en otras tardes menos solas
cuando los dragones del estío soplaban su ardor
y los jornaleros saludaban cansados a las ancianas y los niños.
Ahora que el tiempo es un rocío gris y un silencio,
me siento a esperar el fruto de su anuncio,
el delicioso gorgoteo,
y escucho la voz de mi madre
convocándonos a la cocina:
¡Cofistin now!

El poeta urde el paradigma.

Tras la ventana, la mañana: música, historia, gente que rutina, que se rompe, se reconstruye.

Adentro, el café es memoria de la casa.

Clarea. Oscurece.

Un sorbo, punta de lengua que arde.

Verano de la boca, hondo verano del poema puñal que descuartiza las formas añejas. Cansado anatema por venir de mano en mano, de época en época.

El poeta alza la taza, recrea en el ardor el vuelo del misterio; el aljibe de la infancia cuando la tarde fue incendio; cuando el beso fue asombro en el frágil amanecer de las pasiones. Dulce del amargo, se ahoga el lenguaje en la taza. Se ahoga el poeta en el limitado espacio de ese líquido conjunto de sombras. Ahora es el paradigma que urde al poeta.

Lo adverbia el beber de sombras.

Mañana y café. Poesía y tiempo.

El poeta no sabe romper el eslabón que lo ha de salvar del pasado. En la lobreguez del café, el nuevo paradigma no está del todo claro.

Edgar Smith. República Dominicana. Poeta, escritor, editor y traductor. Ha publicado doce libros, entre ellos los poemarios *Randomly a poem*, *Versenal*, *Island Boy* y *Verso y lágrima*; los libros de cuentos *El palabrador*, *The Wordsmith*, *Cuentos raros* y *Puro Cuento*; y las novelas *La inmortalidad del cangrejo*, *Gnuj and Alt y arrimao*. Su obra ha sido incluida en revistas y antologías, tales como la revista académica Hybrido (2018) y *The Multilingual Anthology of The Americas Poetry Festival of New York* (2015 y 2017). Como editor fundador de Books&Smith publicó la antología *Voces del vino* del Proyecto Palitachi (2017). Es cofundador y director de la FILDOM en el exterior.

CRISTIAN ALFREDO SOLERA

Capuchino

Prepárame un café
porque esta vez traigo la lluvia
y un resfrío espinoso y harapiento
es lo poco que me queda para condenarte.

Porque a la hora de no creerme seductor,
de ser yo el prisionero
de mi propio desamparo
había huracanes indecisos que volaban
sobre cada uno de nosotros.

No es más que una película muda
mirarte así, despeinada y soñolienta,
mientras preparas alegremente
ese trago dulce que después del sexo
a los dos nos tranquiliza.

El mismo café de las tres

Maestro de tantas enseñanzas,
pequeño dios del Olimpo,
loco, cuerdo, huraño.

Maldita pasión que no deja dudas
aún antes del apocalipsis.
En el parque, en la noche,
o bien celebrando
la muerte de un buen amigo,
de una antigua novia.

Compañero inseparable
de todas mis noches de ninguna sabiduría,
de instantes ciegos
en los que tarareo, con fuerza,
el mismo silencio que ahora disfruto.

Te acompaño en mitad de mi batalla,
con mis dientes grises
y un cigarro que sabe más de la autocompasión
que de la muerte misma.

Es aquí en donde estoy vigilante
de un café que se acaba,
que pronuncia mi nombre,
que satisface mi vida, mujer,
tantas veces y por completo.

Cristian Alfredo Solera. Costa Rica. Poeta y profesor. Obra: *Traficante de auroras, Itinerario nocturno de tu voz, Tú no sabes nada de la ausencia, Ceniza, La piel imaginada, Criaturas alucinadas y otros poemas que mienten, Poemas para no leer en tu funeral, Epitafios inútiles, Impostergablemente la lluvia.* Mantiene inédita su antología mínima *La locura que habitamos.*

BRENDA SOLÍS-FONG

I

Te toco,
te lamo,
te huelo
te veo,
sorbo a sorbo te paladeo mi amor.

Sos el café más bueno
que he catado.

II

Sos mi epicentro,
mi ombligo
mi punto de partida sin llegada,
el agua de río que recorre mis arterias
la cuenca que no se seca.

Sos la melodía del pito y el tambor,
la madrugada.
La espalda fuerte del jocotero,
el tejido del canasto,
las manos que bordan mantas,
la bitácora que esconde mi niñez
y la brújula que me llama cada mes.

Sos la sombra de tamarindo que me cubre
el recuerdo que me encuentra en la muralla china
el aroma del café que me acarrea.

III

No dejo la costumbre de admirarte
ni de subir tu efigie a mis volcanes apagados.

Quizá porque te vi tan ajeno
coloqué estrellas en tus ojos,
alas en tu espalda de tigre
y volví tus palabras un rezo.

Pegué tu sonrisa en mi puerta como tranca,
en mi taza de café consentí tu sabor.

Y no aprendo siquiera a verte
humano,
errante
y fugaz.

IV

Este fin de semana
me quedo encerrada.
Trataré de descubrir
nuevas figuras en las tejas
y mi destino en el último
trago de café frío.

Me perderé en los versos de la Izquierda Erótica
y conservaré la ausencia de tus labios.

Brenda Solís-Fong. Guatemala. Poeta, escritora y ensayista. Autora de ocho libros de poesía y prosa. Ha escrito tres libros en coautoría con otras escritoras. Ha elaborado y participado en otras publicaciones académicas. Su obra ha sido incluida en diversas antologías nacionales e internacionales y traducida al idioma maya kaqchikel, inglés y alemán. Ha ganado certámenes literarios. Ha recibido la Orden Poeta de la libertad en Quetzaltenango (2001), Humberto Porta Mencos (2002) y Orden Jocote de oro (2008). Socióloga y emprendedora empresarial. Ha sido catedrática Universitaria. Formó parte de la Comunidad de Escritores de Guatemala. Actualmente es cofundadora de la Colectiva de mujeres en las Artes. Participa en el grupo literario Zanates y Clarineros. Columnista literaria del Periódico quincenal "Carretera News", con su espacio "Brebaje Cotidiano". Colabora en la revista literaria Zanates y Clarineros.

DANIEL TEJADA

El último café

Penetra la casa aún su aroma instalado en la memoria
y en las cosas
como etéreo nexo atando los recuerdos.

Recuerdos de las horas esas
mortecinas del alba
en la que reflejados aún permanecen los sueños
en la taza de café reciente.
También ahora llena de amargas ausencias.

Recuerdos de esas tardes grises del crepúsculo
del casi invierno
en las que por la estancia ir y venir te veía.
Grises tardes durante las que aún mis manos confío
al abrigo de la tacita caliente
pensando el calor de tus manos.

O en las mañanitas, al sonar las seis,
el recuerdo de tu voz detrás de las lluvias
y del delicado tintín de la porcelana anunciado el día,
ahuyentado el sueño.

Recuerdo de tu beso urgente en mi mejilla
por mis prisas
mientras agotaba el último sorbo
sin imaginar siquiera,
que también era el adiós último
y el último café que me brindabas, abuela.

Daniel Tejada. Santiago de los caballeros, República Dominicana. Cursó estudios de filosofía en la Universidad Autónoma de Santo Domingo (UASD). Ha publicado: *Pasiones encendidas*, *El túnel de los espejos y otros cuentos*, *Armagedón, el dios asesinado* y *Acuidad de lo sentido*. Algunos de sus cuentos, poesías, artículos y ensayos han sido publicados en periódicos y revistas de República Dominicana, Estados Unidos y España. Actualmente es presidente de ACUDEBI, Coordinador del Taller literario de Clima de eternidad y director de la revista Bitácora Cultural 17° 36´. También es miembro de la Sociedad de escritores y artistas plásticos en Europa. Desde ACUDEBI, ha editado la primera Antología de escritores dominicanos en España, y es el coeditor de la colección Ediciones de Acudebi de la Editorial Solenodonte Editorial.

HARRY EMILIO TEJADA

Amoríos de café

Enloqueces y devastas
Paladares
Con tus propiedades singulares
Enriquecido aroma, incomparable
Enlazando amores entrañables
Con tus sorbos contagiantes.

Ordena el expreso
mientras espera por su cita
Con anhelo de conseguirse a la Juanita.

Bueno ya que llega,
Con capuchino la recibe
Su amor le declara
Preguntando en su interior
¿de dónde surgió la fuerza?

Espontánea ella responde
Es el café de ensueños
Culpable que mi
Corazón ya tenga dueño.
Se prometieron un ritual
Cada viernes a la tarde
Tomarían juntos el café
Que dio las energías
con la añoranza de ver
Apagar los arreboles
Y su perpetrado amor.

[del poemario *Legados*]

Cofano

El pastor sorprendido
Por la energía de sus cabras
Tras comer ansiosas cerezas del cafeto.

Quemando el panal de abejas
La cereza humeó aromas agradables.

El pastor la hirvió con su orujo
Luego sin orujo.
La asó sin orujo y con él

Pero supo que
Lavarla, ya madura
Despulparla,
Secarla,
Descascararla,
Tostarla,
Molerla y
Hervirla
Traía consigo placeres exquisitos.

Cargas en travesía por el Moca
Invadieron desde África
A Europa
Y con la conquista, América.

Las cortes reales se ennoblecían
Con su inherente clase
Y exuberantes delicias

El vulgo lo adoptó como desayuno
Elixir del placer.
Extravagantes combinaciones

con flores aromáticas,
con dulces,
frutas y
manjares

con leches de cabras, vacas y búfalas
y las cremas ácidas o dulces

en panes
con repostería.

que cabras más cabronas
por hambrientas descubrieron
el secreto de la energía
que Dios nos regalaría.

Desde aquel entonces
hasta nuestros días
A diario una taza,
al menos se degustaría.

[del poemario *Los dioses también lloran*]

Harry Emilio Tejada. Managua, Nicaragua. Ha escrito los poemarios: *Legado; Esculpidas; Los dioses también lloran; Odario a mis Ciudades*. Asimismo, es autor de una obra de cuentos intitulada *Puro Cuentos... sin Leyendas* y una noveleta titulada *El Demonio que me Persigue*. Igualmente, bajo su autoría tiene un ensayo de orden teológico llamado *Ariel El Olam*, que traducido del hebreo significa *El Altar del Dios Eterno*.

LEYLA TORRES

Negro

¡Aaaay!
¡Cómo me enloquecen tus aromas!
fuertes… apagados… limpios y amargos.
¡Tu cuerpo!
Negro con piel caliente,
tus frutos, cerezas abrileñas, sensuales
revestidos por una membrana que mis manos
secan con movimientos oscilantes.
¡Cómo me deleito en tus almíbares!
tú eres el estímulo natural a mis insomnios.
Mis labios se humedecen en tu piel cada mañana;
entonces te pienso. Sondeas mis abismos
tonificas mi fatiga, cuando mi lengua te cata
y te diluyes en mi boca ¡qué delicia!
tu aroma me provoca, eres mi estímulo perfecto
con unas gotas de crema en la cima de tu cuerpo
¡te degusto en una taza!
¡bien caliente!

Leyla Torres. Nicaragua. Obtuvo premios en Cali, Colombia, con sus poemas: "Enamorados por Internet" y "El fantasma de tu amor". En 2011, publicó una antología con el título: *Espíritus poéticos*, con un grupo de poetas latinoamericanos y españoles. Su obra forma parte de la *Antología Jinotega en versos* (2013). Su obra se recoge en dos obras primigenias: *Hija de la Tierra* (2014) y *Citara de un alma* (2017). Forma parte de varios libros y revistas a nivel latinoamericano. Por su aporte literario recibió la medalla Honor al Mérito Rubén Darío, distinción otorgada por el movimiento Mundial Dariano en Miami, Florida. Actualmente es miembro activo del Centro de Escritores y poetas Iberoamericanos (CEPI) en la ciudad de Miami.

LEÓN TRIBA

A veces

A veces hay que irse,
dejar que las cosas sigan
mientras vos y yo
en algún rincón
nos vamos deshaciendo
el uno al otro
a punta de golpes de amor.

Nos damos cuenta
que siempre es así
no aprendemos.

Y una mañana
como tantas otras,
el sol nos recuerda
que el dolor
es insondable
pero ya es tarde.

¡Nunca aprendemos!
Lo que me queda de estos versos

Que los dos senos, bien formados tengan el mismo volumen
y empujen desde la base para alcanzar la misma altura.
Juan Calzadilla

Epigramas

Demiurgo: Y se escapa el placer ebrio.
Ciudad: el olor ácido de los orines
dibuja las náuseas.
Ombligo: conflicto de intereses.
Deseo: la necesidad desnuda
me atrapa en los manteles.
Barricada: LUZ CASAL
suena en mis omoplatos
hablando de sueños.
Tiranía: El amor a plazos,
y un acetato rayado
en la vieja rockonola,
encharcada en la filosofía
de la posmodernidad,
en los nuevos absurdos
de la estridencia, brincando
al ritmo de los locos latidos
de un nuevo CD.

Me quedan muchos versos
prisioneros, intervalos de placer
encarcelados, mil blasfemias
para los fracasos,
mi boca obligada y ausente de besos.

Me quedan muchos versos
untados en la punta de la ironía,
con esas borracheras que no dan lugar
a que nazcan mis poemas,

o se dibujen
con dolor en la próxima cabecera
de una amante inventada.

Simplemente,
lo que me queda de estos versos
es mi poética inconclusa,
retenida en los vacíos y silencios
que engranan las hojas en blanco
y la lectura de la vida.

León Triba. San Ramón, Alajuela, Costa Rica. Poeta. Poemarios: *Alegorías en vuelo*. En línea: *Memoria de raza* y *Poe(mí)ni(mos), Mimos de los Versos*. Su producción en revistas nacionales e internacionales es muy amplia. Actualmente tiene en edición su texto de poesía: *Poemas para amasar los colores*. Es miembro de Conversatorio Poético Ceniza Huetar y dirige actualmente el taller de Poesía Bertalía Rodríguez.

NICASIO URBINA

Geografías

De nuevo te encierras en la geografía
de un brillante aeroplano,
dejas atrás a los amigos, las calles luminosas,
la banca de un parque donde leíste aquel poema,
de nuevo dejas atrás los paseos vespertinos,
el rostro mágico del vendedor de sueños,
la mirada inmensa de la camarera.
Todo queda atrás.
tus huesos conocerán otros colchones,
los techos no serán los mismos,
el sol y las estrellas no habrán cambiado
pero tú tendrás que imaginarlos de nuevo.
Todo es diferente pero con el mismo café.
Los nuevos amigos repetirán las mismas frases.
Sabes que esta ciudad es temporal.
Trabajarás algunos años,
tendrás días de dolor y soledad,
y en algunas tardes aciagas conocerás el amor.
No escogiste atracar en este puerto.
Como siempre, las corrientes subterráneas
y el viento inexplicable te arrastraron.
Tú ya no resistes.
¿Para qué luchar contra un destino inevitable?
De Buenos Aires, de Granada,
de Caracas, de Nueva Orleáns.
¿De dónde eres?
Nicaragua es la tierra prometida
a la que tal vez algún día entrarás.

Mientras tanto vas rodando
like a rolling stone
por ciudades improbables, hoteles igualitos,
las mismas cuatro patas de la mesa de trabajo,
la misma cama y la frazada sin olor.
Cuando piensas que basta y sobra
de nuevo te encierras en la geografía de un avión,
remontas vuelo a mil pies de altura,
te deshaces de la cédula, el carné y el pasaporte,
y empiezas de nuevo a renacer.

Nicasio Urbina. Nicaragua. Escritor, catedrático, crítico y profesor de literatura latinoamericana en la Universidad de Cincinnati. Ha publicado: *El libro de las palabras enajenadas* (1991), *La significación del género: estudio semiótico de las novelas y ensayos de Ernesto Sábato* (1992), *La estructura de la novela nicaragüense: análisis narratológico* (1996), *Sintaxis de un signo* (1995, 2000), *El ojo del cielo perdido* (1999), *Viajemas* (2009), *Caminar es malo para la salud, cuentos* (2011) y *Poesía reunida 1984–2014* (2014), entre otros. Entre otros premios ha ganado el Rieveschl para investigación y creación 2015.

CLAUDIA VACA

Café con fe

Los amigos, Penélope y Ulises
recorren surandancias
para encontrar Ítaca,
ellos saben que Ítaca es un camino en la memoria
del grano de café que viaja tanto como Ulises.
La Ítaca encontrada es el viento,
la brisa que deja y lleva en su anagramática cada visitante
surandante.

Latitudes latiendo en cada uno
según el café y la fe que lo abrigue,
altitudes - multitudes labrando el café que anda y manda
cuando se asienta en la boca, haciendo saltar las lenguas
para contar historias y cultivar la fe,
cuál Penélope a los visitantes de Ítaca
cual Ulises regalando caballos a Troya para vencerse a sí mismo
y cantar su verso-versión a cada amigo
de la vía láctea en la cual transcurre el café,
desde Etiopía hasta tu paladar
desde el la piel del Inca
hasta tu boca
desde el viento y el aliento
hasta tu lengua raíz;
in situ
renaciendo en surandancias.

El café es un espacio con aroma de fe
cultivada en el café,

compartiendo desde su agri-cultura
la generosidad y el viaje del aliento que se hilvana
siembra tras siembra
estación tras estación
acción tras palabra
expandiéndose con las leyendas contadas a su alrededor
hasta llegar al límite del pensamiento y de los sueños,
para ver duendes, dragones y el fuego en el fondo de la taza…
leer allí un nuevo idioma
y comprender el viaje de las raíces y el grano intacto
repartido en moléculas cantándole a la vida.
En este grano
se prenden cuatro luces
dejando caer las hojas en los ojos
y la lengua de la fe.

Claudia Vaca. Santa Cruz de la Sierra, Bolivia. Poeta, escritora, filóloga, conferencista, gestora cultural y educadora. Ha publicado los poemarios *Versos de Agua* (2008), *Los tres cielos* (2013), *Como vuelan las mariposas* (Premio Academia Boliviana de literatura 2013). El 2017 publicó su primera novela *Diálogos del silencio*. Es fundadora junto a Jéssica Freudenthal del Colectivo LEE de animación y promoción de políticas públicas en favor de la lectura en Bolivia. Actualmente es becaria de la Fundación Adveniat de Alemania, cursando el Magister en Desarrollo Humano y Ética social con enfoque en Educación y Cultura latinoamericana, en la Universidad Alberto Hurtado de Santiago de Chile.

KEILA VALL DE LA VILLE

Starbucks

Tiembla el piso
bajo Broadway
donde ordeno
un *macchiato* más claro
que un *macchiato*
un *capuccino* más oscuro
que un *capuccino*
un *capuccino* con *extra shot* de café y poca leche
un "americano" *milk on the side.*

Cuántas recetas inventadas para ordenar
un marrón oscuro
que no es lo mismo que un cortado.
Un marrón
oscuro.

Tiembla el piso
obvio el vaso demasiado largo
la tapa plástica que represa la mitad
del placer
mi nombre erróneamente escrito con marcador
el "señorita, acá tiene su café" sumiso por un alarido a destiempo
pronunciando un nombre diferente al mío
y un café distinto al que quisiera tomar.

Busco precisión, busco un nombre, busco un sabor
una idea
más allá de las papilas gustativas
hacia la memoria.
Pasillo de la Universidad Central de Venezuela

Cafetín de Comunicación Social
Pastelería Flor de Castilla
Panadería Las Cumbres
Cafetín de Antropología
Pastelería Saint Honoré
Panadería Las Colinas
Panadería Cacique
Panadería Sabrina
Café Arábica
Caffé Piú
Café Olé
Café el Peñón, negrito con leche o marrón, más sabroso es el
                                                    peñón.

Un nombre.
Busco un nombre.
Tiembla el piso
pasa el *subway*
bajo Broadway.

Por siempre

> *And did I not think then: What nonsense it is to suppose*
> *one man so different from another when all that life really boils down to*
> *is getting a decent cup of coffee and room to stretch out in?*
> Alice Munro

II

Es mucho más que una bebida, decía Gertrude Stein
es algo que ocurre, señalaba,
no un *happening* sino algo que ocurre
un evento.
Para ella el café era un lugar, no una locación sino un sitio
interior

el café le ofrecía tiempo pero no horas o minutos, sino la
oportunidad de ser
el instante propicio para ser
para ser ella misma
para ser tú misma, decía, y para tomar
una segunda taza.

III

Anne Sexton:
Esta es mi vida:
preparar café y ocasionalmente sucumbir al nihilismo suicida.
Pero no hay que preocuparse,
aseguró,
la poesía sigue estando primero,
seguida del cigarrillo, y del alcohol.

Dicen que Sexton influyó en la obra de Plath
dicen que ambas no se llevaban bien
dicen que ambas fueron recluidas en el mismo hospital
psiquiátrico en Massachussetts,
que inspiró *The Bell Jar.*
Dicen que se acompañaban, que las dos hablaban sobre su deseo
de acabar con todo
mientras tomaban café
y fumaban.
"El café te da la oportunidad de ser tú misma"
y de tomar una segunda
tercera
cuarta
quinta
sexta
...
taza.

Cometió suicidio Plath
y Sexton le escribió poemas
tomó más café
nueve años más tarde, la imitó.

Dónde estarán ahora,
con sus cafés
sus cigarros
el alcohol
y la poesía?

IV

Papel carbón traspapelado en un cuaderno de Plath
conservó por cinco décadas rastros de un manuscrito:
un monólogo paranoide sobre
una serie de incidentes
extraños
e inquietantes
el ataque de un búho
el hallazgo de una araña flotando en una taza de café.
Araña unificando mujer, misterio y creación.
Papel carbón conservando el rastro de un tejido.
Hay quien lee la borra del café
hay quien lee los sueños en el papel carbón
hay quien teje su red hacia dónde?
a veces los sueños incluyen tazas de café con o sin vida animal
dentro.

V

Plath menciona en su diario cuarenta y cinco veces la palabra
café
supera en frecuencia la palabra
suicidio (treinta y cuatro).

Ir al café
tomar café muy caliente
llegar al café bajo la nieve.
Aseguraba que luego de una taza de café y un vaso de jugo de
naranja "incluso los pensamientos suicidas embrionarios se
animan".
Oh, dios (en minúscula, escribía dios en minúscula), luego del
café hasta yo siento que mi voz saldrá fuerte, con color.
Beber café previo a dar clases intentando darse ánimos ante lo
fútil de la universidad.
Habla de *coffee-visions* y de *coffee-revelations:* perdí tiempo tomando
café de la taza gruesa de arcilla, esperando por la revelación del
café, *my coffee-vision*

> que nunca llegó,

y entonces de nuevo ponerme la ropa, las medias de nylon
corridas
lanzarme a la mañana opaca y gris, cruda como una ostra & (usa
el símbolo &) estacionando a los golpes
la manilla del reloj del *college* justo alcanzando las 9.
El café frío
el café & el sexo,
el café & la conversación
el café & las ideas: desayuna avena y dos tazas de café en la cama
y llega su visión
I had my coffee-vision.

VI

Margaret Atwood no mira las infusiones siquiera de lejos

I don't even glance at the herbal teas
voy directo al real y vil café:
nerviosismo puro en taza. Me anima,
me alegra saber que pronto estaré tan tensa
it cheers me up, dice.

William Foster Wallace hundía una bolsa de té en su café.
Durante los exámenes del Phd, hundía dos.
Hiperrealista
vidente protegía su cráneo con un pañuelo blanco como una
sábana
reincidió en el tránsito accidentado al otro lado
hasta cruzar.
Luego de su reclusión en un instituto mental
(siguió a Plath, tanto):
Infinite Jest.

VII

La taza
de café, la mesa.
Qué bueno sentarme sola como un ave de mar
que abre las alas al detenerse sobre un pilar

escribió Virginia Woolf

la habitación ese pilar
su mente esa ave de mar:
Una habitación propia
y allí esos objetos, la taza en esa pausa.

Déjenme sentarme acá por siempre
con cosas sencillas,
esta taza de café, este cuchillo, cosas en sí mismas,
yo misma siendo yo misma.

Déjenme sentarme acá por siempre, dijo
en este cuarto todo para mí
yo siendo
yo
misma.

Keila Vall de la Ville. AWA. Caracas, Venezuela. Autora de la novela finalista en International Latino Book Awards 2018 *Los días animales* (2016), el libro de cuentos *Ana no duerme* (2007) corregido y ampliado como *Ana no duerme y otros cuentos* (2016) y el poemario *Viaje legado* (2016). Antóloga de las antologías *Entre el aliento y el precipicio. Poéticas sobre la belleza* (en imprenta) y *102 Poetas en Jamming* (2014). Su trabajo aparece en varias antologías americanas de poesía y ficción. Columnista de "Viceversa Magazine" y Papel Literario de "El Nacional". Antropóloga (UCV), Magister en Ciencia Política (USB), MFA en Escritura Creativa (NYU), y MA en Estudios Hispánicos (Columbia University).

NEDY CRISTINA VARELA CETANI

El café

Su mano acariciaba
en el calor de la taza,
un delicado momento
de porcelana.

El tintineo suave de la cuchara
disuelve el dulzor
doblegando de a poco
el amargo sabor.

Las ondas que se forman
en la circular danza,
muy pronto se aquietan
y hacia el aire levantan
inconfundible perfume
que con calma inhalas.

La taza rapta
una noche redonda y acostumbrada,
donde van lentamente
a pernoctar sus ganas
de vigilia extenuada.

Su boca va bebiendo
toda esa noche cálida
y corre en su interior
cual guijarros sonoros
despabilando párpados,
cosquilleando la cara,
encendiendo miradas.

Va a valer la pena ahora
toda esta trasnochada,
en la mesa de al lado,
sirvieron otra taza.

Primer café

Bebo café en el silencio de la mañana.
Mis pies pisan la tierra donde nacen sus frutos
para ahuyentar los fantasmas del frío.
Mi piel anhela trópicos de paisajes calientes.
Con su sabor me arrastra.
Una electricidad líquida
arremolinada, bruna y danzante
se expande por mi cuerpo.
En mi boca quedan las chispas del misterio.
Su grano tostado, su esencia, su aroma
pueblan mi cuenco de huesos y desvelos
reviven mis cánticos de color adormecido.

Dos manos escuchan ahora
en el hueco vacío de una taza
la humedad cálida
de su presencia vívida.

Nedy Cristina Varela Cetani. Uruguay. Escritora y coordinadora de Talleres Literarios. Doctora en Medicina. Integró la directiva de la Casa de los Escritores del Uruguay. Presidenta de la Sociedad Uruguaya de Médicos Escritores. Miembro de Honor y corresponsal en Uruguay de ASOLAPO-ESPAÑA y Embajadora Cultural de ASOLAPO-Argentina. Recibió en el 2015 la distinción de "Visitante Ilustre" en el Encuentro Internacional de Escritores realizado en Federación, Entre Ríos (Argentina). Presidenta Honoraria del IX Encuentro Internacional de Escritores del Mercosur.

MARÍA VARGAS

El cortador de café

Pasa con su canasta llena,
su brazo protegiendo el grano
hijo del vivero y del almácigo,
gemelo de su mano campesina
experta en frutos y aromas,
exacta al trazar
la línea de los siembros.
Sobre el caballo brioso de la mañana,
el cortador de café esconde su tristeza inevitable
bajo un volcán donde reverbera su esperanza,
aprieta sobre el pecho su tesoro moreno,
recoge trinos y chubascos en el ala del sombrero,
y reza bajito una oración agradecida
por el milagro del café,
su estrella oscura,
bizantina ambición,
fosforescente pájaro de buen agüero…

Oda al café de Matagalpa

Vuelve el humo ardiente a empañar mis ojos,
a devolverme gente, pueblo, horas,
aroma de tierra húmeda y fragante
que nutre el tesoro de tu raíz indómita
y el diamante pequeño de tu núcleo vegetal.

Hermano de atardeceres con poemas y amigos
y noches entre guitarras y canciones,
el jilguero en celo te saluda con su violín urgente
y la luz filtrada entre eucaliptos y palmeras

escribe tu historia de montaña altiva,
tu biografía verde de redondez sexual y oscura
que celebra al racimo y la semilla,
al esplendor del grano y la cosecha,
a la tenacidad de esta tierra fecunda y agradecida.

Rey del desayuno y los buenos días,
cobrizo emperador de cortes, graniteos y pepenas,
los vientos alisios arrastran ritmos
de marimbas, flautas y tambores
en la brisa húmeda de tu reino ecuatorial,
desde Brasil hasta Madagascar y Etiopía,
desde Colombia a Ruanda y Sierra Leona,
desde el Perú a Nigeria y Tanzania
y desde el Dios que domina los poderes del universo
hasta Matagalpa, Nicaragua,
al centro luminoso de tu realidad tropical,
donde tus súbditos se doblegan
ante tu fruto hermoso y soberano
en madrugadas neblinosas de esperanza y pan.

María Vargas (María Esperanza Morales). Nicaragua. Doctora en Literatura Latinoamericana, escribe poesía, mini-ficción, memoria y ensayo; traductora de poesía, incluyendo el libro, *Diseño* (2005), del poeta laureado de los Estados Unidos 2001-2003, Billy Collins. Fue editora de poesía de las revistas *Astarte* y *Poems, Memoirs, Stories*…en Birmingham, Alabama, donde reside. En el 2004, su libro, *Los ojos abiertos del silencio*, ganó el premio Rafaela Contreras para poesía de mujeres centroamericanas, y en el 2009, por su poesía en inglés, el Hackney Literary Award otorgado en el contexto de la conferencia para escritores, Writing Today.

WILLIAM VELÁSQUEZ

Las horas

Disuelvo en el café las horas
de esperas sin llegada.
Son náyades ahogadas en el tiempo,
odaliscas explotadas
en el harén de los relojes,
madres muertas que arrancaron
a segundos bastardos,
ayunos de eternidad y de pecho.

Mascullo alguna trivialidad
sin necesidad que alguien me escuche,
finjo leer un diario atrasado,
miro las piernas
de la mujer que ordena su merienda;
esa que al entrar era más joven
(me atrevo a decir que hasta más bella)
y en medio de la fila ha envejecido
sólo unos pocos minutos,
pero varios años de más
ahora le marcan el ceño.

Me atraganto con la tarde soleada,
libre de bruma y otros aditivos
no muy aptos para una sonrisa,
respiro el vaho que sube de mi taza,
bebo, y el azúcar
embalsama mi fe raída.

Pido la cuenta y salgo a la calle
indigesto por la tóxica mezcla

de aburrimiento y cafeína;
mientras las horas - esas damiselas trágicas -
indiferentes pasan a mi lado,
y esculpen en mi frente una nueva arruga
con el cincel de su ironía.

Los pozos del café

La humeante oscuridad de un café
colma despacio
a su fría homóloga de las noches,
mientras la soledad ensaya
su mueca de espantapájaros.

La voz de Nina Simone gotea en trémolos
sobre los pozos de lo que fue un piano.

Uno tras otro, los minutos
agotan su ciclo de vida,
y un pequeño funeral se oficia tras mis labios,
que hieden a fango, a óxido y abandono,
y a eso debe apestar
el hocico del diablo.

William Velásquez. Turrialba, Costa Rica. Estudió Diseño Publicitario en la Universidad Autónoma de Centroamérica (UACA). Poemario: *Los dictados del mar* (Nueva York Poetry Press: Colección Museo Salvaje, 2018). Ha escrito artículos de opinión, reseñas, poemas y narraciones en las Revistas Lectores, Turrialba Desarrollo y Cartago Mío. Fue miembro del Taller de Poesía Nuevo Paradigma facilitado por Juan Carlos Olivas. Forma parte del equipo de gestión cultural de Turrialba Literaria. Su cuento "La Anciana sin Rostro" se ha publicado en la antología "Crónicas de lo Oculto" (Editorial Club de Libros, 2016).

PILAR VÉLEZ

Trincheras

A la juventud que muere
entre líneas imaginarias
Si bebieras mi llanto
y en su acritud encontraras
la palabra que no duerme
el miedo al encuentro con tus ojos
a la ilusión de un eco
diferente del disparo
Si mi clamor llegará hasta tu casa
rompiera el cristal de la garganta
y sus muros pintara de colores
Si tan solo una mirada
violara el alambrado
Si sintieras la ansiedad
rompiéndose en mis manos
y la visión que tiembla
asida a mi memoria
entonces sabrías que mi pie es bandera
traspasando la línea de tu fuego
y que mi alma guarda
abrazos que te esperan
Si olvidaras la medida de tu ala
tocarías a mi puerta
y ahuyentarías el frío de la guerra.

Un sorbo para recordarte

Hoy me siento como el ave
buscando el amparo de tus manos
ansío tu sombra caminante en la cocina
desgranando estrellas en el tiempo
añoro tu cálida presencia
la chispa que agitaba en tu palabra
el ritual sin prisa
espantando la noche

Es allí
       en mi lejanía
que te encuentro
en el humo que distrae el sorbo ausente
en el pan que se hace viejo con la horas
y en el café solitario
que redime el sonido de tu nombre
mientras enciende su hoguera
en mi garganta.

Pilar Vélez. Colombia. AWA. Tres veces galardonada en el International Latino Book Awards por sus obras: *El Expreso del sol* (2016) y sus poemarios *Soles Manchados (2015)* y *Pas de Deux: Relatos y Poemas en escena (2014)*, del cual es coautora. En el género de literatura infantil. Autora de *Un regalo para Laura* (2015) y su versión traducida al inglés (2016). Es creadora de la Celebración Internacional del Mes del Libro Hispano, presidenta del *XII Encuentro Internacional de Escritoras Marjory Stoneman Douglas (2016)*, presidenta de la *Hispanic Heritage Literature Organization* y directora y fundadora de *AIPEH Miami*. Dirige la revista *Poetas y Escritores Miami*.

ALMUDENA VIDORRETA

(Café)

Cuando quedan posos de café
en el fondo de una de nuestras tazas
está mi piel queriendo ser bebida por la tuya,
la suciedad de mis uñas limpiada por tu lengua,
los restos de mi renuncia a lo que me ofrece la vida:
dar más vida.
Y es mi pelo lo mismo que el café:
incapaz de saciar tu sed entre los dedos
y peligroso remanso de nervios en tus dientes.
Enredada en las cicatrices que te dejó la vida
y cada una de las peleas a puño abierto,
soy más yo que todas las demás
aunque a veces te
hiera en lugar de curarte.

[Del libro *Lengua de mapa* (XXII Premio Nacional de Poesía "Universidad de
Zaragoza", Zaragoza, Prensas de la Universidad de Zaragoza (2010)]

Almudena Vidorreta. España. Autora de *Tintación* (2007), *Algunos hombres insaciables* (Premio de Poesía "Delegación del Gobierno en Aragón", *Aqua* (2009), *Lengua de mapa* (XXII Premio de Poesía en Castellano "Universidad de Zaragoza", Prensas Universitarias de Zaragoza, 2010), *Días animales* (2013) y *Nueva York sin querer* (2017). Doctora en Filología Hispánica por la Universidad de Zaragoza, vive desde 2013 en Manhattan, donde ha trabajado como profesora en la Universidad de la Ciudad de Nueva York y Fordham University.

GELU VLASIN

moral insanity

suelen

sucederse

los rayos entre

las hojas y

las nubes

porfían en

la ceniza

de la mañana cuando

mi

alma

limosnea

ansiosa

tu aroma

a café

se avecinan tormentas

autoshapes

en la habitación 217

me

tendí

esperando a que

me contaras cómo se

siente

ser

importante

solo tú

                                 Eugenia

retratada

                            sobre
              la estantería con la biblia llena

de polvo o

                  la cama de rayas
                       extendidas

sobre

                    parejas
(quizá)

              y chin — chin
         dos —   pepsi
                   un

assos y

                          un

sobre de

café

        "dame un vino
               cuatro

cervezas y un

chocolate poiana

        querría"
          los utensilios zepter
      olvidados en la maleta lentamente
               mis

nervios

     perdidos entre espacios
           cerrados en
              la

terraza motor

he aquí el cuento

sorprendido

por

el hombre — decorado

Gelu Vlasin. Telciu, Bistrita–Nasaud, Rumania. Reside en Madrid. Tiene una multitud de libros publicados en varios idiomas (rumano, inglés, francés, alemán, español), la mayoría de poesía. Frecuentó varios años el Círculo Literario LETRAS en la Facultad de Letras de Bucarest. Es miembro de la USR Unión de Escritores de Rumanía, miembro de la UNEE Unión Nacional de Escritores de España, miembro de PEN Internacional, presidente de la Asociación Cultural Diverbium, presidente de honor de la Asociación de Escritores y Artistas Rumanos de España - ASARS. En el año 2012 recibe la condecoración nacional Mérito Cultural en Grado de Caballero, otorgada por el presidente de Rumania a la petición del Ministro de Cultura por "el talento y su devoción durante toda su carrera literaria, por la divulgación de la cultura rumana en el mundo y por su constante implicación en estrechar los lazos entre los rumanos de todo el mundo".

W

ENRIQUE WINTER

Por capas el mar va poniendo en el sol

el recuerdo del recuerdo de la luz
sábanas que descorren la leche derramada
en el braceo
y una nueva oportunidad para entenderse
en pares trae la noche
que toca a los actores secundarios

adónde miran los protagonistas   confluirán sus aguas
servidas de café o té verde
en algo como el mar   sal de los ojos
sal de quien mira atrás
las sábanas la leche o por la tarde
por capas la pintura va poniendo en la tela
el recuerdo del recuerdo de la ola

luz derramada de interrogatorio
qué nos quiere decir el retratado
si ahora mira como no podría
una quietud inquieta
le inquieta acaso hueso o solo humus
cuando contempla inapetente
la arena que no está en las córneas de quienes lo indagamos
aprieta el pecho y se parece al hambre
en un idioma que no habla   el castellano se refugia
en un castillo y castra
                    el color es la costra o su accidente
braceando los actores secundarios
una piscina roja con los muros marrones
    el nácar raspa un hueso día que al sanar la carne oculta

como su mano sobre el pecho
nada en la tela que respira
mano distinta sin tomarla
entre las nuestras ni juntarnos
en la playa por un café por el té de las cinco

esa mano en el pecho de la tela
que no damos ni nos busca

Las tuercas y perillas disgregadas

se frotan sin idea alguna
de la tele el reloj y radio
desarmados de niño e imposibles de volver a

las termitas que vuelan solo para aparearse
luego cuelgan las alas a esta lámpara de papel

con el temblor cayeron de a pocas luminosas
alas en espiral

en el café flota una taza
trató de verla como la veían

la piel un filtro de café cuando el café es el mundo

y de lavar los pantalones solo
agua y luego con agua repetirlo
hasta borrar las manchas perdiendo

la cruz del sur en los bolsillos o
un manojo las llaves de un cerrojo
abrían un portón

un día le gustará todo y un día se le quitará

Enrique Winter. Santiago, Chile. Poeta que ha publicado en diez países y cuatro idiomas los poemarios *Atar las naves*, *Rascacielos*, *Guía de despacho* y *Lengua de señas*, el disco *Agua en polvo* y la novela *Las bolsas de basura*. Traductor de Charles Bernstein y Philip Larkin, ha recibido los premios Víctor Jara, Nacional de Poesía y Cuento Joven, Nacional Pablo de Rokha y Goodmorning Menagerie Chapbook-in-Translation, entre otros. Fue abogado y editor de Ediciones del Temple. Magíster en Escritura Creativa por NYU, coordina el diplomado de la PUCV y es escritor residente de la Universidad de los Andes, en Bogotá.

FREDY YEZZED

Árboles de la Av. Diecinueve

Desde el segundo piso del café París puedo ver la concurrida Av. Diecinueve. La postal es una tarde viscosa que se fuga con la música de la gente. El viento despeina a las mujeres que se bajan de los taxis, los hombres mueren en el agua del tiempo, las vitrinas visten cadáveres y la canción del ciego se pega a las pantorrillas de una colegiala.

Las manos de veintidós años de Sofía, la mesera del café París, me sirven un café caliente como el infierno. Mira por la ventana y dice: "Bogotá es un veneno delicado". Bebo un sorbo y le replico que esta avenida sin ella sería un vaso de agua nublado. Sofía es soltera y tiene una niña en el tercer grado. Le he dicho con picardía que deseo sacar adelante a su muchacha. Ella sonríe y afuera parece caer una fruta en las manos de un hombre.

Pero más allá de los ojos lluviosos de Sofía, me roba la atención la desnuda presencia de los árboles de la Av. Diecinueve. Usted los ha visto cuando va a pagar sus impuestos al banco o corre a comprarse una sombrilla. Dígame usted si no son unos dandis de película inglesa: callados y formales a la hora de mirar una mujer a los ojos y contarles un cuento de Tejada.

De las manos de mi padre, camino al templo de Monserrate, imaginaba que esos árboles eran nómadas que traían el granizo a cada instante, cazadores que perseguían desde la Patagonia el ave extraña de la ilusión, desplazados que habían dejado atrás el perro sarnoso de la muerte.

Apuesto que alguna vez se ha preguntado usted por las cosas que ven esos árboles desde su falsa modestia. Allí están observando impasibles cómo se trepa un duende a la espalda de un anciano, cómo se detiene inesperadamente una secretaria a causa de la regla que la ha sorprendido; también el segundo de miedo de un joven al que le han asaltado una idea, el pedo que se le escapó a un abogado al recordar una afrenta, la canción que se le acaba de olvidar a un transeúnte, el gorrión que murió entre las ropas de la ciudad.

Pobres autistas, la impiedad se mueve alrededor de ellos. Con sus manos hacia arriba, como si fuesen gigantes sorprendidos robando frutas. Están allí para sostener la palma de la adolescente que vomita, para beberse la sal del orín de los ebrios, para llevar sobre sus espaldas la voz de la época.

Compadézcase usted de los árboles de la Av. Diecinueve que hacen fila toda la vida —porque esa es su condena—, que yo me compadeceré de la sencilla Sofía, mientras la tarde extiende sus muslos sobre las ramas.

[Del libro inédito: *Bogotá desde aquí*]

Fredy Yezzed. Bogotá, Colombia. Escritor, poeta y activista de Derechos Humanos. Después de un viaje de seis meses por Suramérica en 2008, se radicó en Buenos Aires, Argentina. Tiene publicado los libros de poesía: *La sal de la locura*, (Premio Nacional de Poesía Macedonio Fernández, Buenos Aires, 2010), *El diario inédito del filósofo vienés Ludwig Wittgenstein* (2012) y *Carta de las mujeres de este país*, (Mención de Poesía en el Premio Literario Casa de las Américas 2017, La Habana, Cuba). Como investigador literario escribió los estudios *Párrafos de aire: Primera antología del poema en prosa colombiano* (2010) y *La risa del ahorcado: antología poética de Henry Luque Muñoz* (2015).

JOSÉ MARÍA ZONTA

Aladina y la cafetera maravillosa

Una gota de café demuestra la existencia de un mar de café,
de sirenas y oleaje de café, de naufragios y corales de café.
Y amores de café que deambulan por la playa buscando una taza
donde hacer nido.
Y cucharitas para remover el mar.
Marineros de café descubren América.
Y tú sueñas el humo, el aroma, quieres vivir en una cafetería,
quieres chorrearte para saborear la vida.
Somos almácigos esperando la lluvia, buscando brotar,
convertirnos en un brindis.
No amanece el sol, amanece tu rayo de café.
Sírveme en esta taza un grano de Colombia,
una recolección de Nicaragua, una fermentación de Costa Rica,
un aroma de Brasil, un caliente de Vietnam, y remuévelo
con una maduración de Etiopía.
Tu vida se tuesta como un grano al sol, tu vida en negro o con
leche,
con o sin azúcar.
Tu amanecer, servido en casa de cerámica, luz de capuchino,
claridad de macacino.
Tu amor de plantación, de floración, recolección a mano.
Y tus ganas que vivir chorrean y se derraman de la cafetera
y te siguen hasta los árabes que inventaron tu paladar.
Con el tequila pasa, con el ron, con el té,
pero nadie muere mientras toma una taza de café.
El café de sombra toma otra ruta,
endulzas tu café con boronas de luna.
Hay quien piensa que todo está en su temperatura.

Remojas los besos en café y me los sirves en las afueras de la
lluvia.
El café calla. No vino a quitar tu sed,
no vino a burbujear, ni a que lo descorchen en año nuevo,
vino a aplacar tu frío,
a sentarse a tu lado en las tardes de olvido, para que te recuerdes.
El café no vino a emborracharte como el vino,
ni a cantarte feliz cumpleaños como el ron,
no vino a robar tu medianoche como el tequila,
el café viene descalzo, te roza y ya estás lista para no ser de nadie,
para ser la libertad.
El café te viste y el vodka te desnuda.
Aladina encontró la cafetera maravillosa y el genio le preguntó
por sus tres deseos:
quiero una molienda de pasión,
que a la Tierra la despierten cada mañana rayos de café de sol,
y que cada desigualdad se extinga con un café aroma de amor.

José María Zonta. San José Costa Rica. 20 poemarios. Entre otros, ha obtenido el Premio Internacional Manuel Acuña de poesía en lengua española (2018) con el libro *Antología de la dinastía del otoño*; el premio Internacional de Poesía Antonio Oliver Belmás, Cartagena, España, con *La casa de la condescendencia*. Premio Iberoamericano Juegos Florales de Tegucigalpa, con *El libro de los flamingos*. Premio Iberoamericano Entreversos, en Venezuela con *El libro de los flamingos*. Premio Iberoamericano Entreversos, en Venezuela, con el libro de La *Dinastía de bamboo*.

Contenido

C

D

E

F

L

M

N

O

W

Y

Z

Voces de América Latina I
(MediaIsla, 2016)

Voces de América Latina II
(MediaIsla, 2016)

Voces de América Latina [Fictio] III
(MediaIsla, 2016)

Voces del vino
(Books&Smith, 2017)

Voces del café
(Nueva York Poetry Press, 2018)

caffee capuccino latte espresso

caffe latte espresso

milk frappe macchiato mocha mel...

ocolate caffee espresso

caffe espresso milk cappuccino latte ristretto c...

caffe espresso milk cappuccino latte ristretto chocolate caffe espresso

macchiato mocha melya milk frappe

caffee capuccino espresso latte frappe mocha

caffee cappuccino espresso latte frappe mocha

www.ingramcontent.com/pod-product-compliance
Lightning Source LLC
Chambersburg PA
CBHW021355090426
42742CB00009B/871